AF257726

GABRIEL BLANC

FRANCE ÉPROUVÉE, FRANCE TRIOMPHANTE !

Quatre Conférences sur la Guerre

PRIX FRANCO : **0,60**

LIBRAIRIE CATHOLIQUE EMMANUEL VITTE

LYON   PARIS

3, place Bellecour, 3   14, rue de l'Abbaye, 14

1915

FRANCE ÉPROUVÉE,
FRANCE TRIOMPHANTE !

Abbé Gabriel BLANC

Aumônier du Sacré-Cœur, à Digne.

FRANCE ÉPROUVÉE, FRANCE TRIOMPHANTE !

Quatre Conférences sur la Guerre

DONNÉES

A LA CATHÉDRALE DE DIGNE EN 1915

LIBRAIRIE CATHOLIQUE EMMANUEL VITTE

LYON
3, place Bellecour, 3

PARIS
14, rue de l'Abbaye, 14

1915

Avant-Propos

Les discours qu'on va lire contiennent d'austères vérités et pourtant ils ont obtenu, de la part d'un auditoire considérable où l'élément militaire entrait largement, un succès que l'auteur n'eût pas osé espérer. Ils ont fait couler bien des larmes, rendu à certains le souvenir oublié des forces religieuses qui peuvent seules soutenir le poids des grands deuils, et fait palpiter l'âme de tous d'une invincible foi dans le salut de la France. Puisqu'on demande l'impression de ces pages, les voilà livrées au public. Puissent-elles porter avec elles une tendre bénédiction du Cœur de Jésus qui les inspira, pour parler du Ciel

Aux Françaises qui pleurent,
et aux Héros qui combattent !

G. B.

I

La Guerre est une « Croix » qui nous rachète du Péché de l'Esprit.

14 Mars 1915

Sommaire : Rien n'arrive sans la permission de Dieu. — Le problème du mal. — Le nom chrétien des fléaux. — Ce qu'est le péché de l'esprit. — La science et la foi. — La superstition. — De Luther à Nietzsche. — La science allemande enfante la barbarie. — Le 75 ne suffit plus et l'Invisible reprend ses droits. — Ce qu'on voit au front. — La prière de Bébé. — Le retour à la religion, élément de succès.

Mes Frères,

Depuis plus de sept mois, notre Patrie traverse une rude épreuve. Elle en sortira triomphante, nous n'en doutons pas. Mais la certitude du succès n'empêche pas la secousse d'être terrible et d'ébranler jusqu'aux fibres les plus intimes de ce grand organisme qu'est la France. Ce sera l'affaire des hommes d'Etat de déterminer les causes politiques de cette guerre et d'en tirer les leçons de diplomatie ou de gouvernement intérieur qu'elle comporte. Pour nous, chrétiens, qui devons regarder tous les événements à la lumière de la foi, nous n'avons pas besoin d'attendre plus longtemps pour porter sur l'épouvantable fléau un jugement que dicte l'Evangile. Nous relisons dans le Livre sacré ce que Notre-Seigneur Jésus-Christ enseignait au sujet de la Providence et nous voyons que, pour donner plus de force à sa parole, le Maître est allé jusqu'à dire : « Pas un cheveu de votre tête ne tombe sans la permission de votre Père céleste ! » La portée d'une telle affirmation est immense : elle nous oblige à voir dans la guerre actuelle un événement prévu par Dieu et permis par lui. Mais cet événement est ce qu'on peut voir de plus affreux ! Comment Dieu peut-il le permettre?... Voilà l'objection courante. Elle n'inquiète point la foi chrétienne. Tout le mal qui existe sur la terre vient, non pas de Dieu, mais du péché de l'homme. Au lieu d'accuser Dieu, l'humanité doit s'en prendre à elle-même. Il est vrai que Dieu, par une miséricorde infinie, a racheté l'homme du péché. Pourquoi donc n'a-t-il pas supprimé le mal, la souffrance, la mort, la guerre? Parce qu'il a fait quelque chose de plus beau que de supprimer tout cela, quelque chose do plus utile pour nous : Il a transformé le mal, la souffrance, les fléaux les plus terribles en des chemins mystérieux qui nous mènent à la gloire et au bonheur. Toute souffrance est un bien en ce sens qu'elle peut, tout en continuant d'être souvent un châtiment, devenir aussi une épreuve conduisant au salut, un remède pour sortir du mal et retourner au bien. Et la guerre actuelle n'échappe pas à cette loi. Il est donc possible qu'elle soit un châtiment, nous verrons ce qu'il faut en penser ; mais il est sûr qu'elle est une épreuve et un remède, très sûr par conséquent qu'elle apporte avec elle une bénédiction. Voilà comment Jésus-Christ nous apprend à la juger. Et avec son éternelle puissance de transformation qui change le mal en bien, Jésus-Christ nous apprend même à donner aux pires catastrophes un nom nouveau, c'est-à-dire un nom chrétien. La guerre devient alors une « Croix ». Elle prend ce nom splendide dont les disciples du Christ savent revêtir toute douleur d'ici-bas. Aussi, c'est bien vainement que la puissance infernale, à qui remonte en principe la paternité de tout mal, s'efforce de déchaîner sur la pauvre humanité de continuels fléaux ! Depuis vingt siècles, il y a un homme— un homme-Dieu, — qui se présente à toutes les portes où la douleur a frappé, pour entrer à son tour, pour prendre sur ses épaules le gibet que le démon nous avait préparé, pour s'y laisser clouer à notre place et, par l'éternelle vertu de sa Croix, mêler à notre sang et à nos larmes un dictame de suave Rédemption !

Oui, mes Frères, la guerre est une Croix : c'est la Croix de Jésus-Christ dont il nous faut, en ce moment, comme le Cyrénéen, soutenir et partager le fardeau. Mais puisque c'est la Croix, c'est aussi la Rédemption et le salut pour tous ceux qui aident le Christ à la porter. Nous verrons, au cours de ces entretiens, qu'en effet, cette Croix nous rachète du péché : du péché de l'esprit, du péché des sens, du péché de la volonté.

Aujourd'hui, nous allons constater qu'elle rachète le péché de l'esprit.

Qu'est-ce donc que le péché de l'esprit?... C'est essentiellement un péché d'orgueil. L'homme oublie sa dépendance absolue à l'égard du Créateur ; il en arrive même à croire pouvoir se passer de Dieu et à vivre comme si Dieu n'existait pas. C'est le péché de Lucifer, ce fut aussi celui de nos premiers parents. « Si vous désobéissez, disait le tentateur, vous serez comme des dieux ! » Et l'orgueil l'emporta. Il semble bien qu'il y ait, en réalité, dans tout péché, quel qu'il soit, un certain orgueil par lequel le pécheur ose fouler aux pieds le précepte divin. Cependant cet orgueil est souvent dans l'acte plutôt que dans l'intention et quand, par exemple, une pauvre âme pécheresse, s'abandonne à la fougue de sa chair au lieu de la refréner, il est avéré qu'elle agit plutôt sous l'empire de voluptueux appâts, que par le propos délibéré de mépriser Dieu, de se passer de Lui, de s'élever plus haut que Lui. Mais le péché de l'esprit n'en est pas moins très répandu. C'est celui de l'homme qui refuse au Créateur un culte qui lui est dû, qui se détourne volontairement de sa fin dernière et, ne voulant plus savoir qu'il est fait pour le Ciel, prétend régner sans contrôle sur cette terre qui le porte et y borner ses désirs, comme s'il n'y avait rien au delà !

Et c'est pourquoi, lorsque Notre-Seigneur est venu racheter le monde par sa Croix, Il a pris le contre-pied de cette orgueilleuse révolte. Pour racheter l'homme qui s'émancipe de la tutelle divine et se grandit, Jésus-Christ s'est humilié et a obéi. Il est né dans une étable, a vécu en pauvre ouvrier, est mort sur une Croix. Il n'y a pas d'outrage, d'abomination, d'indignité, que n'ait enduré ce Dieu descendu même plus bas que l'homme, puisqu'il a réalisé dans son supplice le mot que lui prêtait d'avance le prophète : « *Ego sum vermis, non homo !* » — « Je ne suis plus un homme, moi qu'on traite ainsi, je suis comme un ver de terre ! »

La Croix de Jésus-Christ nous rachète donc du péché de l'esprit par l'humiliation et la honte et depuis qu'elle s'est dressée sur le Golgotha, offrant à l'adoration de la terre et des cieux la dépouille sanglante et humiliée d'un Dieu, il n'y a plus pour l'homme d'autre véritable grandeur que celle qui est marquée du signe de la Croix. Quand les peuples viennent à l'oublier, la Providence le leur rappelle. Ainsi lorsque Dieu veut élever plus haut la gloire d'une nation qui lui est particulièrement chère, mais semble près de lui être infidèle, Il permet qu'elle soit humiliée dans la souffrance comme Il le fut Lui-même au Calvaire, mais Il lui fait puiser dans cette épreuve une nouvelle et resplendissante jeunesse ! Tels ces ballons d'enfant, faits pour briller dans l'éclat du soleil et qu'on ne jette à terre que pour les voir rebondir plus haut vers le ciel.

Et maintenant, mes Frères, portons les yeux sur notre temps, notre pays et nous-mêmes : ne sommes-nous pas coupables du péché de l'esprit?...

Il est cruel pour un fils d'être obligé de reconnaître la faute de sa mère, devant elle, et quand elle en supporte les conséquences. O France, ma Patrie et ma Mère, Dieu m'est témoin que je ne veux pas, au moment où vos mains déchirées sont encore rivées à la croix, être de ceux qui vous jettent la pierre ! Mais nous sommes tous coupables des fautes que vous expiez, et c'est votre courage à supporter la souffrance et votre indomptable espérance d'en sortir, qui me font un devoir de mettre à nu vos plaies sous les yeux de ce peuple qui n'en approchera que pour les baiser et les guérir !

La France, en tant que nation, a commis le péché de l'esprit. Elle a voulu se passer de Dieu. Elle s'est organisée comme si Dieu n'existait pas, elle que Dieu a tant favorisée au cours de son histoire ! Son athéisme officiel s'est exercé principalement sur trois domaines différents : d'abord dans ses manifestations nationales d'où elle a exclu tout acte religieux, proscrivant les images saintes et jusqu'au nom même de Dieu, partout où on les trouvait, du faîte des édifices et de la majesté des prétoires jusque sur la tranche des monnaies. Ensuite dans sa législation : le Code a été remanié comme si Dieu n'existait pas et contrairement aux dispositions de sa sagesse. C'est ainsi, pour ne citer qu'un seul exemple, que la loi du divorce est venue s'opposer à l'obligation divine qui rend le mariage indissoluble. Enfin, dans l'éducation devenue institution d'État : le faux principe de la neutralité a supprimé la base religieuse sans laquelle il n'y a pas de saine formation de l'enfant, et, ici encore, on a poursuivi jusqu'au nom même de Dieu pour le bannir des livres, et, comme on ne jugeait pas opportun de proscrire aussi toute morale on en a inventé une, morale frelatée, en dehors de toute croyance à la Divinité. Je ne me trompe pas : voilà bien le péché de l'esprit !

Mais cette sorte d'apostasie officielle n'a été possible qu'avec le concours de multiples complicités, les unes ostensibles et calculées, les autres inconscientes, dans tous les rangs de la société française. Dans les hautes sphères, intellectuelles, au cours du dix-neuvième siècle, la vieille foi chrétienne s'est vue supplantée par une rivale qui, jusqu'alors, dans l'histoire, avait été sa servante et son amie, je veux dire la science. Les découvertes, dans l'ordre de la physique surtout, ont été si prodigieuses ; elles ont tellement transformé les conditions de la vie ; elles ont mis dans la main de l'homme des agents à la fois si dociles et si puissants, la vapeur et l'électricité par exemple, que l'homme s'est grisé de ses succès. Il a oublié qu'il était la créature qui découvre les merveilles opérées par le Créateur. Il s'est imaginé que, devenu créateur lui-même, il allait insuffler la vie à un monde nouveau. Le savant a cru que rien n'arrêterait jamais ses conquêtes, que bientôt l'infiniment grand et l'infiniment petit n'auraient plus le moindre secret pour lui. Naïf autant que prétentieux, il s'est imaginé, de plus, que sa formule pour expliquer les « énigmes de l'univers » était définitive et absolue comme la vérité même. Le savant n'avait pas encore assez travaillé : aujourd'hui il a constaté déjà la fragilité d'un certain nombre d'hypothèses scientifiques qu'il donnait hier comme des dogmes. Mais alors cette expérience restait à faire. Et c'est pourquoi le savant devint comme un pontife et sa science comme une idole, à laquelle on se crut obligé de sacrifier, comme autant de superstitions, les doctrines de la foi chré'ienne. Et cette mentalité nouvelle se généralisait peu à peu dans toute la société, sapant à mesure le crédit de la religion. Le clergé n'avait plus, comme au moyen âge, la direction de la science et la maîtrise des intelligences. On le trouva ignorant, arriéré et méprisable. Le paysan des montagnes ne rêva plus de faire de son fils un prêtre, mais fasciné lui aussi par la nouvelle divinité, il crut que le bonheur parfait serait de lui vouer ses enfants, quitte à renoncer pour eux à toute pratique religieuse, s'il le fallait pour devenir digne de la Science qui était maintenant la seule maîtresse du monde !

Et que devenaient, pendant ce temps, que devenaient la parole du Christ et la prédication de l'Evangile?... Ah ! l'Eglise ne cessait pas de les faire retentir du haut de ses chaires, mais les temples étaient de plus en plus déserts, et le petit troupeau de fidèles qui s'y rendait encore, se sentait humilié d'être réduit à peu près uniquement à des femmes et à des enfants. De là le respect humain qui s'emparait des catholiques les plus sincères ; on avait peur de se montrer chrétien, peur d'aller à la messe, peur de faire maigre le vendredi, peur surtout, oh ! atrocement peur de se confesser et de communier ! On avait peur non seulement de se montrer à une procession ou dans une église, mais encore de témoigner à son propre foyer, qu'on avait été baptisé et marqué pour le ciel. Oui, on avait peur de laisser voir le vieux crucifix sous le regard duquel avaient vécu les ancêtres ; on reléguait son image au fond inaperçu des alcôves ; la Madone faisait place sur le manteau des cheminées à des figures mythologiques d'un goût douteux ; on n'exposait plus, en un beau cadre, le souvenir de première communion des enfants, mais plutôt leur certificat d'études... Hélas ! si l'on s'était borné à cela ! Mais comme le respect humain conduit à l'oubli et au mépris de Dieu, dans les foyers où il était entré, on ne pria plus ! Perdue et oubliée, la vieille habitude sacrée de faire chaque soir, toute la famille réunie, et même avec les domestiques, la prière en commun ! Perdue et oubliée, tristement oubliée, l'habitude de faire réciter aux enfants leur petite leçon de catéchisme chaque jour, pour s'assurer qu'ils ont les connaissances absolument nécessaires à tout homme ici-bas, ces connaissances sans lesquelles aurait-on tous les diplômes scientifiques possibles et imaginables, on n'est pas vraiment un être humain, parce qu'on ne sait pas qu'on a une âme à sauver pour la vie éternelle et qu'on ne sait pas comment il faut s'y prendre pour la sauver !

Peu à peu, donc, on perdait toute croyance, toute religion. Je me trompe : l'âme populaire, l'âme du paysan, de l'ouvrier, de la femme du peuple, ne peut pas se passer de religion ! Alors, comme cette âme populaire avait perdu la foi chrétienne, elle s'ouvrait aux superstitions grossières renouvelées de je ne sais quel fond caché de paganisme. M. Maurice Barrès a démontré ce fait l'an dernier en pleine Chambre des députés. Il a parlé de populations françaises qui ont renoncé au baptême, à la première communion, à la messe, et au prêtre, mais qui n'enterrent pas leurs morts sans mettre dans le cercueil une bonne paire de souliers et un portemonnaie garni, pour que le défunt puisse voyager confortablement dans l'autre monde !... Vous souriez, Mesdames, et vous ne vous doutez pas que vous marchez sur la même route régressive vers la superstition et le paganisme quand vous suspendez au cou de vos enfants ces amulettes et porte-bonheur si répandus aujourd'hui dont le sens souvent impudique vous échappe, j'en suis bien sûr ! mais qui nous font bien regretter les médailles bénites et vraiment protectrices de la « Bonne Mère ».

Je vais dire quelque chose de plus fort, mais qu'on ne démentira pas. Le respect humain devant la science laïcisée est allé si loin, il a tellement pénétré notre société, que les meilleurs catholiques et même le clergé, qui est cependant resté très digne, n'y ont pas échappé. Et, en effet, c'est une sorte de respect humain qui a porté tant d'excellents chrétiens, tant de prêtres même, à vouloir que l'Eglise cherche un accommodement entre son dogme et la science, comme si la vérité éternelle devait se réduire à la mesure des vérités d'un jour, comme si la Foi pouvait mutiler son Credo, comme si l'Evangile devait se vider de son contenu surnaturel et nous donner un Christ diminué à la taille de nos savants !

Et voilà comment tant d'honnêtes catholiques, publicistes, prêtres, professeurs, théologiens, de la meilleure confiance du monde, ont donné dans les filets du modernisme, une grande hérésie venue d'*Allemagne* et dont le Pape Pie X a fait bonne justice. Et c'est aussi le respect humain, hélas ! qui a nui à la vitalité de tant de nos œuvres, qui les a tuées dans leur essor : le respect humain qui faisait qu'un patronage, un cercle, une mutuelle, avaient peur d'arborer leur vrai drapeau qui était celui de la religion, et faisaient semblant de poursuivre un but purement « laïque » au lieu de mettre en évidence, avec la foi qui donne le succès, le but surnaturel, raison d'être de l'Œuvre !

Etonnez-vous, après ce fléchissement général, que Dieu nous ait rappelés un peu rudement à la réalité ; et que sa Providence, pour nous remettre en bon chemin, nous ait ménagé des humiliations !

La première humiliation est venue de la science elle-même et de l'orgueil de la science. Non seulement, depuis quelques années, les savants sont obligés de reconnaître que le mystère est partout ici-bas ; non seulement ils sont obligés de corriger sans cesse devant des « faits nouveaux » les hypothèses destinées à résoudre les « énigmes de l'univers », mais encore leur idole, la Science, vient de montrer au monde qu'elle ne recèle en ses flancs que des inspirations de brutalité et de barbarie, si on la soustrait à l'hégémonie de la vieille morale tant méprisée ! Nul pays, sur terre, n'était aussi orgueilleux de sa « Kultur » scientifique que l'Allemagne ! En nul autre, la déesse de la Science n'eut autant d'autels, autant de pontifes, autant d'esclaves ! Dans cette région de brouillards où la pensée n'eut jamais de précision ni de clarté, où la poésie même ne revêt d'autre charme que la caresse humide des brumes, il y a bien des siècles déjà qu'un moine défroqué, Martin Luther ; — celui que Guillaume II appelle son ami, — leva contre l'Eglise l'étendard de la pensée laïque affranchie ! Le principe « du libre examen » qu'il proclama et qu'il souhaitait cyniquement voir triompher par l'incendie et le carnage, se retrouve au fond de ce subjectivisme allemand qui a nourri toute la pensée moderne. Il est tout entier encore dans la doctrine barbare du « surhomme », doctrine essentiellement germanique, suivant laquelle, pour l'amélioration de l'espèce humaine, le peuple allemand qui est le peuple fort, doit se placer au-dessus de la morale et étrangler les autres peuples.

Aujourd'hui, l'Allemagne s'efforce d'appliquer cette ignoble doctrine et, violant avec une impudeur sans égale ses propres engagements, elle écrase, sous sa botte couverte de fange notre pauvre petite sœur la Belgique ! Et, indignée, la conscience française proteste !... Elle ne protestait pas, hier, tandis que les philosophes à lunettes venaient, d'au-delà du Rhin, vendre à la porte de nos Universités leur subjectivisme empoisonné?... Elle ne protestait pas, la conscience française, quand ce cynique Renan, — le même qui se glorifiait d'avoir continué à bien dîner en plein Paris assiégé et mourant de faim (1), — quand Renan, dis-je, vulgarisait chez nous les impiétés de l'incrédulité germanique contre Jésus-Christ?... Elle ne protestait pas, la conscience française, quand nos libres-penseurs opposaient aux vertus si tendrement humaines de l'Evangile, les éructations sauvages du Boche qui écrivit au nom de Zarathustra?...

Ah ! vous ne vouliez plus de l'Eglise et de son dogme, de Jésus-Christ et de son Ciel? et la science vous paraissait digne de remplacer tout cela? Eh bien ! il y a quarante-quatre ans qu'avec cinq milliards volés chez nous, la science pure travaille, reine adorée des Allemands, dans ses officines métallurgiques d'outre-Rhin et voici ce qu'elle a préparé, puisqu'il n'y a plus de Dieu : un enfer de mitraille et de bombes incendiaires pour anéantir tout ce qui s'appelle la beauté, la religion, l'art et l'amour, et faire régner sur le monde entier la force « kolossale » du surhomme enfanté par les brumes de l'Oder !

Mais nous avons la science, nous aussi ; ne l'opposerons-nous pas à ces barbares?... Oui, nous avons des engins de guerre admirables que l'ennemi ne possède pas, et une voix qui aurait mieux fait de se taire, a même osé dire que notre 75 nous donnera la victoire sans que le bon Dieu s'en mêle. Mais la perfection des armes est loin d'être tout et, ici, reprend ses

____

(1) Renan et ses amis, en 1871, firent frapper une médaille avec ces mots : « Pendant le siège, quelques personnes ayant accoutumé de se réunir chez Brébant, ne se sont pas aperçues une seule fois qu'elles dînaient dans une ville de deux millions d'âmes assiégée. » Dédié aux admirateurs de Renan !

droits l'*Invisible* que la science n'atteint pas ! L'Invisible, ou l'Impondérable, si vous voulez, c'est tout un ensemble de facteurs très importants, impossible à calculer d'avance, facteurs de victoires ou facteurs de défaites : les changements brusques du temps, les paniques sans cause, la maladie, les fautes de l'ennemi, l'intuition nécessaire aux chefs, bref, mille circonstances qu'on englobe sous le nom de « hasard » et qui dépendent en réalité de Dieu. Oui, ici, l'Invisible reprend ses droits et réfute les dédains de la science. C'est à tel point qu'on sent le besoin urgent d'une *foi* pour vaincre et qu'on prêche partout, au front comme aux extrémités opposées du Pays, la foi, la foi dans la victoire ! Et comme il est beau de voir que les âmes françaises, au souffle de cette foi patriotique, se sont fondues en un seul faisceau !

Mais le triomphe de l'Invisible s'accuse encore davantage par le retour d'une foi plus haute et plus nécessaire, la foi chrétienne.

Et ici, le spectacle est merveilleux à contempler !

Ah ! oui, la guerre est une Croix pour nous, mais ce n'est qu'une autre forme de la Croix de Jésus-Christ, et, comme cette Croix qui fut dressée sur le Calvaire, comme toute Croix envoyée de Dieu et bénie par Lui, elle nous rachète du péché par la souffrance et l'humiliation et nous ramène aux gloires, un moment éclipsées, de notre immortelle destinée !

Dans l'humiliation de ses provinces envahies, dans la torture de ses enfants massacrés ou blessés, dans la ruine de ses monuments et de ses reliques d'histoire, la France retrouve la religion de son passé. On avait eu peur de se montrer chrétien, d'aller à la messe, de prier, d'étudier le catéchisme, de se confesser et de communier, de porter une médaille, de faire le signe de la Croix. Et depuis qu'ils ont dû braver l'ouragan de la mitraille, voilà des millions de soldats français, — tous des héros pourtant, et qui n'ont pas peur des balles, — mais qui prient tout haut dans les tranchées, font le signe de la Croix et l'acte de contrition en s'élançant à la charge, se confessent, communient aux messes des prêtres mobilisés ou des aumôniers et arborent fièrement sur leur capote la médaille de la Sainte Vierge et l'image du Sacré Cœur ! Il y a, dans ces millions de soldats qui prient, des convertis qui, hier, ne croyaient à rien ; des infidèles qui se sont fait baptiser depuis la mobilisation ; de pauvres gars élevés par des parents indifférents et qui n'avaient jamais fait leur première communion : ils l'ont faite sur le champ de bataille après quelques causeries catéchistiques avec un prêtre-soldat. Et tout cela est si vivant, si spontané, si conforme aux traditions de la Patrie, qu'on peut à bon droit répéter ce qu'en disait un blessé retournant du front : « Cette France qui prie, se confesse et communie, on sent que c'est *la vraie France !* »

Oui, la France qui prie, c'est la vraie France ! Elle s'est réveillée de son assoupissement non seulement là-bas, au bruit des canons, mais encore sur toute l'étendue du sol national et au fond de tous les foyers. O mères de famille, mères françaises, qui aviez oublié le devoir rigoureux d'apprendre le catéchisme à vos enfants ; mères qui ne saviez plus combien il est doux à une femme de tenir sur ses genoux un petit être chéri dont la conscience s'éveille et de lui parler de Dieu, de lui apprendre à l'aimer ! Mères oublieuses ou insouciantes, comme la guerre, cette Croix de Jésus-Christ, lourde à porter, mais féconde en grâces, vous a changées, vous aussi ! Vous ne manquez plus ni votre prière ni la messe, et vous faites prier vos jeunes enfants. Avant de coucher votre bébé, comme vous savez maintenant l'agenouiller devant vous, joindre ses mignonnes mains dans l'étreinte des vôtres, lui montrer une image sainte dont votre intérieur ne rougit plus, et lui faire répéter : « Bon Jésus, protégez papa ! Faites qu'il revienne de la guerre bientôt, oui, bientôt ! » — Et le bébé s'interrompt : « Maman, dis, qu'est-ce que c'est, la guerre? » — « Oh ! mon chéri, il vaut mieux que tu ne le saches pas, c'est affreux ! Dis avec moi, répète : « Bon Jésus, bonne Mère, gardez papa ! faites qu'il ne soit pas tué ! » — Bébé s'arrête encore... cette fois, il a compris : « Je ne veux pas qu'on tue mon papa ! » dit-il avec force et terreur à la fois. — « Oui, mon chéri, on ne le tuera pas, mais dis avec moi, dis encore : Bon Jésus ! bonne Mère ! bonne Mère ! conservez papa, pour maman et pour moi ! » — Et il vous semble avec raison que la vie, si précieuse pour vous, de celui qui a emporté votre cœur avec le sien, là-bas, au fond des tranchées, sera sauvegardée mille fois plus par la prière d'un petit innocent, que par la science des tacticiens et la protection des retranchements.

Ainsi la guerre, Croix de Jésus-Christ qu'il nous faut porter, nous rend meilleurs, nous sanctifie et nous ressuscite à la vie chrétienne. Et sa puissance de transformation est si considérable, que, même quand elle s'abat plus lourdement sur nos épaules, cette Croix ; même quand elle exige de nous un crucifiement total et que les êtres chers à nos cœurs ne reviennent plus, frappés à mort loin de nous ; oui, même alors, dans ce crucifiement de notre âme où l'immolation n'a rien épargné, nous n'avons pas la pensée de demander à Dieu pourquoi Il n'a pas exaucé nos prières dans le sens de nos désirs, mais sûrs de son secours, parce que notre foi s'est élevée à la mesure de nos souffrances, nous trouvons en Lui la force de bénir sa volonté et de glorifier le sacrifice exigé par la Patrie !

La France qui prie, c'est la vraie France ! Oui, c'est la vraie France et il n'y en aura plus d'autre ! J'espère que vous l'aviez senti avant d'entendre mes paroles, mais je vous laisse aujourd'hui ce cri de ralliement. Vous serez chrétiens, désormais, dans toute l'exigence du mot : vous prierez, vous fréquenterez l'église, vous recevrez avec assiduité les sacrements et vous estimerez par-dessus tout la foi de votre baptême et la destinée que Dieu vous a faite pour le Ciel. Il n'y aura plus de respect humain : comme il n'y en a plus là-bas, sous le feu de l'ennemi, il n'y en aura plus ici, où l'on est d'esprit et de cœur avec ceux qui luttent et meurent !

Et quand l'heure du triomphe aura sonné, la gloire ne sera pas seulement pour les vaillants qui auront brandi, au péril de leur vie, une arme vengeresse, mais encore pour tous ceux, — et vous en serez, — qui, en pratiquant avec ferveur la religion de nos origines nationales, auront montré au monde que, si la France peut être blessée, du moins elle se relève et ne meurt pas ! France éprouvée, France plus forte !

II

La Guerre est une Croix
qui nous rachète du Péché des Sens.

21 Mars 1915

MES FRÈRES,

Nous avons vu, que la guerre qui sévit sur nous, doit être considérée à un point de vue chrétien, à la fois instructif et consolant. En effet, la Foi nous apprend à voir dans cette guerre, et jusque dans ses atrocités qui nous martyrisent, non pas un fléau sans explication, mais un sacrifice collectif qui nous étreint tous dans la même douleur et nous ramène au pied de la Croix. Dans l'oubli de notre baptême national, dans l'oubli de notre foi séculaire, nous perdions cette mentalité catholique qui avait donné à l'intelligence française tant de puissance et à la vertu chevaleresque de notre race tant de grandeur. Nous écoutions chanter des sirènes qui nous écartaient de la route fixée à nos destinées. Un évangile nouveau, — en réalité l'évangile de la force qui prime le droit, — nous était prêché par de faux prophètes venus des brouillards de la Germanie. Tandis que nous y prêtions l'oreille, fascinés par ses promesses d'une civilisation plus haute basée sur la science, nous ne nous apercevions pas que nous perdions toute sécurité, même matérielle, en perdant peu à peu l'Evangile véritable qui est seul capable d'assurer « aux hommes de bonne volonté » le trésor si convoité aujourd'hui de la Paix !

Alors le Christ est réapparu près de nous, portant sa Croix, comme jadis au Calvaire. Et comme jadis au Cyrénéen, Il a dit à la France : « Ma Croix est lourde : veux-tu m'aider à la porter ? » La France, qui ne regardait plus du côté du Christ, s'est retournée. Elle a vu que les sirènes trompeuses et les charlatans de science pure l'avaient attirée dans un guet-apens et sous la portée d'un formidable orage dont étaient grosses les brumes de la Germanie. Et déjà la foudre grondait sur elle, mais le Christ était là, à côté de la France. Alors, avec un élan de confiance et de repentir qui lui gagnaient de nouveau le cœur du Christ, la France a répondu : « Oui, je le veux ! » et il y aura bientôt huit mois qu'elle porte avec courage, pour la sainte cause de la justice et du droit, la Croix sanglante de Jésus-Christ. Mais ce n'est pas pour y mourir méprisée, car le Christ y étant mort pour elle, jadis, la veut immortelle. C'est pour monter plus haut dans la gloire, après ce nouveau baptême de sang qui la rachète de ses égarements et la sauve d'une apostasie.

Nous avons vu, dans cette rédemption, comment se rachète le péché de l'esprit. Voyons aujourd'hui comment s'y expie le péché des sens.

Qu'est-ce donc que le péché des sens?... C'est le désordre produit en nous, quand nous renversons la hiérarchie établie par Dieu entre notre âme et notre corps. Nous ne sommes pas comme les anges de purs esprits ; nous ne sommes pas comme les animaux des organismes que dirige une finalité purement terrestre. Mais nous sommes à la fois matière et esprit, un composé extraordinaire de l'Ange et de la bête, d'où doit résulter cependant non pas un assemblage monstrueux, mais au contraire un chef-d'œuvre d'harmonie et de grâce. L'âme et le corps ! il semble que ces deux natures soient incompatibles : mais non, la main du Créateur les a si bien fondues en un seul être ! Comme le corps se livre à l'âme pour la traduire au dehors avec toutes ses nuances : intelligence dans les yeux, joie dans le sourire, volonté dans la force agissante des membres, tristesse dans les larmes et tendre amour dans les battements du cœur ! Et quel essor l'âme peut prendre, comme un aviateur sur son appareil, avec les merveilleuses facultés de son corps ! Faite comme l'ange pour connaître et aimer, il lui faut, il est vrai, passer par le chemin de ses sens, mais quand la perception sensible lui a donné la base de la connaissance intellectuelle, comme l'âme monte et déploie ses ailes ! Comme son amour s'allume à la beauté entrevue là-haut ! Et n'est-ce pas un avantage qu'elle a, sur l'ange même, de pouvoir, grâce à la mobilité d'impressions qu'elle tient de son corps, rectifier les écarts de son vol et racheter les chutes possibles, par les larmes des yeux et la contrition du cœur?

Et pourtant, n'arrive-t-il pas que la chair soit un poids mort rivant l'âme à la terre et l'empêchant de survoler les sommets?... Ah ! sans la faute originelle, l'âme avait des ailes capables d'enlever la chair dans l'azur des Cieux ! Mais les conditions dans lesquelles se produisit la chute du premier homme furent telles que, depuis, l'empire de l'esprit sur la chair resta compromis et il devint impossible d'exécuter le vol audacieux auquel le Créateur avait convié notre nature en la créant pour le Ciel. Oui, depuis le péché originel, le corps se révolte et conspire contre l'esprit. Il veut jouir, non plus dans l'harmonie de son mariage avec l'âme, mais dans l'indépendance égoïste de ses propres appétits. Or lui, ce n'est pas l'air pur des cimes qui l'attire, mais la fange des bas-fonds. Sa jouissance est grossière : il l'attend d'un frémissement de ses fibres nerveuses et d'une ivresse où s'exaltent ses bas instincts, mais dans laquelle les forces ascensionnelles de l'esprit sont opprimées.

Ah ! le moyen de voler, le moyen de s'élancer là-haut, là-haut, dans la lumière et près de Dieu, quand votre avion bat de l'aile au flanc des coteaux, et que l'âme, qui en est le moteur, n'a plus la force de soulever la chair agrippée aux attirances du sol !

Cette terrible impuissance de l'homme à maîtriser les instincts de son corps, on ne l'a jamais vue aussi bien que dans le paganisme avant Jésus-Christ. La jouissance charnelle et la recherche des moyens capables de la procurer, ce fut le tout de l'homme. Il en arriva à glorifier ses débauches et à vouer à la luxure un culte et des autels. Cette immonde interversion des rôles durerait encore et la conscience humaine se serait abolie sous l'empire continu des sens, si Jésus-Christ n'était venu rétablir l'ordre. Vous savez comment Il a procédé, comment Il a immolé la chair à l'esprit par le sacrifice de son propre corps. Sa chair à Lui était divinement pure, pourtant ! Il en avait cueilli la fleur au calice immaculé de la Vierge et, quoiqu'elle fût bien la sœur de notre chair, elle ne connaissait pas les instincts de révolte de nos organes. Mais Il la sacrifia tout de même, cette chair innocente, par une immolation qui, latente ou aiguë, dura toute sa vie !

Le péché avait découvert la chair humaine pour la déshonorer : Jésus-Christ découvrit la sienne pour l'ensanglanter sous les verges de la flagellation et dans un affreux crucifiement. Et comme par suite d'une étroite et divine solidarité, l'humanité entière ne faisait qu'un avec Jésus-Christ, c'est toute chair humaine, quelle qu'elle soit, qui a été, en principe, réhabilitée et sanctifiée dans le sacrifice de la chair divine de Jésus-Christ.

Et maintenant, si le corps se révolte encore dans ses convoitises animales, l'âme, sûre d'être exaucée, n'a qu'à demander à Jésus-Christ un peu de sa puissance d'immolation, pour réduire la chair au rôle normal de servante assujettie et sacrifiée. Avant Jésus-Christ, le paganisme avait donné l'exemple de toutes les turpitudes et prostitué l'être humain à toutes les fanges. Après Jésus-Christ, le christianisme a donné l'exemple de toutes les vertus et grandi l'âme affranchie des sens au-delà de toutes les hauteurs. Le christianisme, c'est l'ascension des âmes que guide Jésus-Christ. Cette ascension ne cesse pas et les corps en seront eux-mêmes, au dernier jour du monde, quand la trompette de l'archange aura sonné la diane des résurrections, car leur sacrifice aux âmes saintes leur aura valu d'être, eux aussi, glorifiés et divinement transfigurés. Et, en attendant, il y a une loi inéluctable qui se vérifie continuellement dans l'histoire : à savoir que la montée des âmes dans la lumière et la vertu est en raison directe de l'influence de l'esprit chrétien dans le monde. Lorsque, dans un temps et un pays, l'esprit du christianisme subit une baisse, l'essor des âmes se ralentit, la chair reprend ses instincts, la vertu disparaît, le vice domine et la civilisation recule.

A notre confusion, nous avons dû reconnaître, que nous, Français de ce temps, nous avions perdu la mentalité chrétienne et commis le péché de l'esprit, dont la guerre, cette rude Croix, nous rachète à présent. Faut-il faire un second *mea culpa* et demander qu'elle nous rachète aussi du péché des sens ? Oui, car de ce péché aussi, nous avons été coupables !

Quand le corps domine l'âme et la rend esclave, le premier bien à poursuivre, c'est la richesse. Car l'argent est le grand pourvoyeur de toutes les voluptés : il fournit à la gourmandise les mets raffinés et les breuvages enivrants ; à la mollesse, les couches sensuelles et la vie facile ; à l'orgueil, le luxe des toilettes, des demeures superbes et des entourages flatteurs ;

à la luxure enfin, des moyens de s'assouvir. Sans argent, impossible de donner au corps cette somme de jouissances.

Et c'est pourquoi, dans notre pays, à mesure que disparaissait l'esprit chrétien, on se ruait avec frénésie à la poursuite des richesses. Combien d'hommes ne trouvaient pas un quart d'heure pour penser à leur âme et à ce qui suivra la mort, tant leurs jours et leurs nuits étaient pris par le travail sans répit d'où ils attendaient la fortune ! Mais le surmenage abrège la vie. On n'aura peut-être plus le temps de jouir, quand fortune sera faite?... Le « droit au bonheur » permet donc d'aller plus vite et rend licites tous les moyens ! Fraudes dans le commerce, spéculations honteuses, drainage des petites épargnes du peuple, détournement de fonds publics, tout est bon à l'homme pressé de jouir ! Et ainsi se sont établies tant de fortunes scandaleuses sur l'origine desquelles, de temps à autre, de retentissants procès viennent jeter une lumière inattendue.

Ne pensez pas qu'une fois riches, ces parvenus soient généreux pour ceux qui souffrent ! Loin de là ! ils dépensent sans compter pour leurs plaisirs, mais méprisent l'indigent qui meurt de faim et ne veulent pas rencontrer près d'eux le spectacle gênant de la misère ! Au reste, ils ne sont jamais repus ! Quand ils ont de l'or, il leur faut de l'influence et un rôle politique. Ils continuent donc sur un champ toujours plus vaste leur trafic honteux, travaillent à enrichir leurs amis et à se faire une clientèle nombreuse de partisans affamés. Qui pourra s'opposer à la puissance de leurs pièces d'or?...

Ah ! quelqu'un, peut-être, dont ils ne sauraient fuir le secret reproche et ce quelqu'un, redouté de leur conscience, c'est le Christ qui prêche la pauvreté et maudit la richesse égoïste ou mal acquise. Alors ils font la guerre au Christ et, par tous les moyens, détournent de Lui le peuple. Et celui-ci, peuple de paysans à qui la terre ne rend plus rien, peuple d'ouvriers qui s'asphyxie dans la surchauffe des usines, cesse alors de croire au Christ et d'espérer en Lui. Mais n'ayant plus de Paradis à attendre dans l'au-delà, en échange de ses souffrances sur la terre, le peuple, comme les jouisseurs qui s'engraissent à ses dépens, veut avoir, lui aussi, son paradis ici-bas ! Et pris d'une envie féroce des richesses, il va tout faire pour les conquérir.

Ici jouent leur rôle les doctrines d'émancipation de l'ouvrier, socialisme sous toutes ses formes ou anarchie internationaliste. Le peuple confond dans sa haine la richesse bien acquise qui se dépense en charités, avec la richesse volée qui piétine sa misère. Il englobe le patron chrétien, fondateur d'œuvres sociales, et le parvenu malhonnête, sous le même nom de « capitalistes » et il fomente un renversement des rôles pour lequel, dans sa crédulité, il escompte l'intervention de l'Etat. Hélas ! ne demande-t-on pas tout à l'Etat, aujourd'hui...? Comme s'il pouvait tout faire à la fois, être patron, commerçant, chef d'usine, entrepreneur, maître d'école, père de famille et bonne d'enfants ! Ne voit-on pas que s'il absorbait tous les rôles dans un fonctionnarisme sans limites, c'en serait fait de la liberté individuelle, de l'initiative privée, de l'émulation féconde en progrès?... Ne voit-on pas que les emplois ne pourraient jamais être tous les mêmes en agrément et en profit, et qu'alors les jalousies se reproduiraient, plus féroces encore? Le peuple qui rêve du bonheur promis par le socialisme, est doublement trompé. D'abord, il a renoncé pour cela aux espérances chrétiennes, ce qui s'appelle lâcher la proie pour l'ombre. Ensuite, il est continuellement trahi par ceux qui se sont faits les avocats de sa misère, arrivistes ingrats qui ne prônent le socialisme que pour parvenir eux-mêmes, et répudient leurs propres doctrines une fois qu'ils sont nantis ! A quoi peut aboutir un tel système, sinon à multiplier ces bandes d'apaches, comme nous en avons vu, qui sèment la terreur partout, défient la police et demandent au meurtre le moyen de se faire des jouissances ?

O mon Dieu ! vos « Béatitudes » glorifiaient la pauvreté ; elles changeaient les larmes en sourires. Ah ! qu'elles valaient mieux que ces modernes utopies !... Mais puisque votre Eglise est toujours là pour nous les redire, faites, Seigneur, qu'on l'écoute encore, pour qu'elle affranchisse les millions d'esclaves d'aujourd'hui comme elle libéra ceux d'autrefois, et qu'elle courbe leurs maîtres orgueilleux sous la terreur de vos jugements qui ont voué à l'enfer toute richesse réfractaire aux charges de la charité !

La lutte des classes, née de la soif de l'or, ruine la solidarité nationale, fait fléchir le patriotisme et compromet la civilisation. Ce n'est pas tout. L'ouvrier qui s'épuise en pure perte dans un travail dont le profit passe à ses exploiteurs, sent le besoin de remonter le ressort de ses énergies. Or, il n'a plus d'idéal, on le lui a ôté. Alors, il demande un peu de griserie à l'alcool, d'autant plus trompé, ici encore, que ses maîtres les jouisseurs lui font vendre sous ce nom des produits frelatés dont le commerce les enrichit en tuant l'ouvrier. Et ainsi le fléau de l'alcoolisme vicie le sang de la race, éteint les feux de l'intelligence, dégrade les caractères, sème la ruine dans les foyers et finalement tue la vie même de la nation !

Hélas ! ce ne sont point là tous les méfaits causés par le péché des sens ce n'en est même qu'une petite partie.

Il y a un appétit plus indomptable que tous les autres, que la religion seule peut maîtriser et qui, sans elle, ne connaît plus de frein. C'est la luxure ou le sens pervers. Adoré comme un dieu dans le paganisme, puis enchaîné par Jésus-Christ, le sens pervers a repris son indépendance à mesure que s'en allait l'esprit chrétien. Il a créé une littérature à son service : la pornographie en fait tout l'idéal. Ses romans analysent toutes les impudicités, ses pièces de théâtre glorifient l'adultère et l'union libre. Pour justifier l'horreur de tels sujets, on dit qu'ils sont « pris sur le vif » ou encore que ce sont des « tranches de vie » et l'on ose ainsi faire consister l'art dans la reproduction non plus des beautés de la nature et de la vie, mais de ce qui la souille : les plaies, les difformités et la pourriture !

Le sens pervers, dans sa littérature, profane le nom splendide de « l'amour », nom créé par Dieu pour exprimer ce qu'il y a de plus beau au Ciel et sur terre, et sous ce nom profané, le sens pervers légitime tous les désordres. La fidélité conjugale est tournée en dérision, l'innocence bafouée, l'émancipation de la chair proclamée comme un « droit au bonheur », le droit de chacun à « vivre sa vie » ! Le théâtre ajoute au scandale de ses thèses la fascination de sa mise en scène ; le feuilleton ajoute à la turpitude de ses récits l'impudeur de ses illustrations. La vie réelle a vite fait de se conformer à de tels modèles : le divorce, l'adultère, l'union libre sont devenus une chose banale et courante qui n'excite plus aucune répulsion. L'image populaire, la photographie ont rivalisé d'audace pour déshonorer la chair créée par Dieu et en souiller la grâce et la beauté. Au reste, la chair se déshonorait elle-même par la liberté avec laquelle elle dessinait son vêtement, arborant des toilettes où l'indécence le disputait au mauvais goût et modernisait en pays chrétien les déshabillés lascifs de la Pompéi païenne. La carte postale paysage, de goût bien français, a été supplantée par la carte postale obscène très abondamment *importée d'Allemagne*. Il y a une autre propagande, sur laquelle je ne puis que me taire, qui est venue aussi d'Allemagne, dans le but satanique de tarir le sang français. Et alors s'est vulgarisée partout une profanation du mariage telle, que la puissance créatrice de Dieu, même, a été tenue en échec par les ruses du vice qui se libérait ainsi de tout souci !... Et dans cette voie, on est allé si loin que la France, à un moment donné, a occupé le dernier rang des nations, pour la natalité !... (1).

Et voilà le péché des sens dans toute son horreur !... Et après cela, Messieurs les historiens, vous chercherez dans les arcanes de la diplomatie des causes secrètes de la guerre ! Il en est une que vous n'y trouverez pas... Oh ! certes, je suis loin, bien loin, de vouloir innocenter le brigand qui a déchaîné la guerre en Europe, ce sinistre malfaiteur qui porte la couronne impériale au pays de Luther ! Orgueilleux comme Nabuchodonosor, cabotin comme Néron, puisse-t-il voir bientôt, comme Balthasar, le doigt de Dieu écrire son jugement !... Mais n'oublions pas nos péchés. Ce monstre est comme une férule entre les mains de Dieu pour nous les rappeler et il ne servirait de rien de le nier. Dieu se sert de lui pour nous convertir dans la souffrance et, après, Il le brisera sans pitié. Voilà pourquoi ce monstre (2) qui n'adore que son « vieux dieu », l'Odin gorgé de sang, nous reproche, à nous, de n'avoir plus de religion ! Lui qui règne sur le pays d'où la pornographie nous est venue, il dit à ses millions d'esclaves : « Ces Français sont pourris, ils n'ont même plus d'enfants pour lutter contre vous ! » Lui qui entretenait chez nous cinq cent mille espions pour nous prêcher l'internationalisme, il veut dresser sur nos ruines fumantes l'apothéose du despotisme allemand !

Oui, nous portons la peine de nos fautes, mais Dieu n'a permis ces malheurs que dans un dessein de miséricorde et de tendresse et sa main nous relève par le même coup qui nous a frappé.

L'amour des richesses avait engendré les luttes sociales, compromis le patriotisme et mis en danger l'unité nationale. Voici que la « guerre a opéré » tout à coup une « trêve magnifique », l'abandon des querelles fratricides, la fusion de tous les partis, une admirable floraison du Patriotisme français !

Mais comment la guerre nous rachètera-t-elle du péché de luxure?... Ah ! il faut ici élever très haut vos pensées.

Comment Jésus-Christ a-t-il racheté la chair coupable? En sacrifiant à

---

(1) La corruption des mœurs est allée *si loin* en Allemagne (malthusianisme dans les grandes villes, imagerie ordurière, orgies, pièces de théâtre jouées à Berlin, à la veille de la guerre, par actrices s'exhibant en public dans une complète nudité etc., etc.) que les Pharisiens d'outre-Rhin n'ont aucun droit de jeter la pierre à notre pays !

(2) Le mot de « monstre » n'est pas excessif pour qualifier ce Tartuffe impérial qui écrivait à sa parente, la landgrave de Hesse convertie : « Tu accèdes donc à cette superstition romaine dont je considère la destruction comme le but suprême de ma vie. » Et le 23 juillet 1914, il disait au comte Axel von Schwering : « L'heure a sonné de jeter le masque... Je ferai la guerre sans merci, sans remords, sans épargner rien ni personne, en détruisant tout ce que je ne pourrai pas prendre ! »

la place sa chair à Lui qui était innocente. Cette substitution s'explique par l'impuissance radicale où se trouve la créature pour tirer de son néant quelque chose de meilleur qu'elle. Si donc elle s'appelle vice impur, où prendra-t-elle la pureté? Ne faut-il pas que le Créateur lui fournisse la monnaie de son rachat? C'est ce qu'il a fait une fois pour toutes en substituant à tous les pécheurs son Jésus crucifié. Mais depuis, l'humanité ne forme plus qu'un seul corps dont le Christ est la tête. Il en est alors d'elle comme de ces masses liquides en surfusion où l'on a jeté des cristaux et qui, de proche en proche, cristallisent tout entières. Ainsi, dans l'humanité, corps mystique de Jésus-Christ, le cristal qui donne le branle, c'est la chair immolée du Sauveur. Sans elle, pas de changement d'état possible, mais à son contact, de proche en proche, la masse entière doit cristalliser. Vous comprendrez maintenant comment la guerre nous purifie de nos luxures : la guerre associe à l'immolation de Jésus-Christ un grand nombre de victimes innocentes ; il se forme ainsi une chaîne dont les anneaux vont de la grande Victime de la Croix jusqu'aux plus lointaines ramifications du corps social ; l'esprit de sacrifice circule et pénètre toute la masse et, dans la cristallisation générale, les formes impures du passé sont dépouillées !

Au premier rang des victimes innocentes qui aident à notre relèvement moral, il faut bénir la multitude des petits enfants que les barbares ont arrachés à leurs mères, massacrés, piétinés, mutilés ou laissé mourir de faim dans la pourriture des camps de concentration. Tous ces petits anges sont heureux maintenant au Ciel et prient pour leurs familles désolées. Saluons ensuite les prêtres fusillés par l'ennemi qui voyait en eux, « l'âme de la résistance » ; saluons les religieuses assommées à coups de crosse ; les mères au désespoir qu'on a brûlées vives dans leurs chaumières ; les épouses folles de douleur qu'on a égorgées après les avoir fait assister au supplice de leurs maris ; les vieillards morts sous les mauvais traitements, dans la route de l'exil, et les vierges auxquelles les barbares infligèrent un supplice pire que la mort ! Puis les soldats de tout rang, de toute arme, dont c'était le devoir de braver la mitraille et qui sont tombés glorieusement pour leur Pays !

Mais les morts ne sont pas seuls à payer pour nos péchés et à côté de ces heureux martyrs, il convient de saluer la multitude des héros qui n'ont été que mutilés ou blessés. Ah ! leurs cicatrices seront glorieuses ; elles donneront à leurs enfants une éloquente leçon de patriotisme et dans leurs foyers, après la guerre, on s'en félicitera comme d'un trésor de famille ! Mais saluons ensuite tous ces milliers de combattants qui forment les lignes de front et luttent avec une endurance admirée du monde entier ! Ensevelis vivants au tombeau des tranchées, souffrant la faim, la soif, la maladie et le froid, leur vie est une mortification continuelle qui rachète devant Dieu la dissipation des vies scandaleuses. Mais avec eux, c'est la France entière qui fait pénitence ! Et comment en serait-il autrement ? Honte aux enfants qui ne voudraient rien souffrir quand leur mère est torturée ! Les toilettes indécentes ont fait place aux vêtements de deuil : hélas ! nous aimerions mieux qu'elles n'eussent eu qu'à corriger leurs écarts ! Combien d'unions irrégulières se sont mises en ordre avec la loi morale depuis la mobilisation ! Toute vie sensuelle a disparu ; les théâtres et casinos, les salles de fêtes, les rendez-vous de plaisirs, tout s'est changé en hôpitaux pour l'accueil des blessés. La mondaine qui ne pensait qu'à briller est devenue infirmière. Tout l'hiver, combien de doigts de femmes ont travaillé, agiles et délicats, non plus pour la vanité des bals, mais pour donner au soldat une laine réchauffante ! Les lectures immorales ont perdu tout intérêt devant les communiqués de guerre, et l'image pornographique a fait place aux photographies qui saisirent des visions d'héroïsme !

Ainsi la guerre, comme la foudre des orages, assainit l'atmosphère, et sous l'immense courant de charité qu'elle a provoquée, nous voyons refleurir les plus belles vertus que le Christianisme puisse inspirer. La France a prodigué à ses ennemis blessés ou prisonniers les mêmes soins qu'à ses propres enfants. Que dis-je? Sa charité pour eux est même allée si loin qu'il a fallu la rappeler à de justes bornes. Ah ! ne le regrettons pas ! il est bon que le monde ait vu cela: un peuple de barbares qui n'épargne à la France aucune atrocité, et la France dépassant la mesure de la générosité pour ceux de ces barbares que son bras a désarmés ! Cet exemple est unique : vive la France qui l'a donné !

C'est ainsi que l'horrible guerre a pourtant son beau côté... Je pense au célèbre tableau de Detaille : *Le Rêve*. Les guerriers reposent sur le champ de bataille, au pied des faisceaux. Mais dans le ciel, voici que passe le bataillon à jamais fameux des soldats de la Révolution et de l'Empire, vision de gloire qui allume au cœur des guerriers endormis la revanche du lendemain.

Courage, au fond de vos tranchées, soldats de 1915 qui gardez la France ! Des visions de gloire passent aussi sur vous ; non seulement les grandeurs militaires de la Patrie, mais encore son passé chrétien, tout d'héroïsme et de splendeur : le baptême de Clovis et les prières de sainte Geneviève ; la grande épée de Charlemagne et la main de justice de saint Louis; les belliqueuses chevauchées des croisades et les conquêtes pacifiques de nos missionnaires ; tous les *Te Deum* des cloches de France auxquels répondront bientôt les cloches de Strasbourg, et, par dessus tout l'étendard vainqueur de Jeanne d'Arc qui poursuivra demain les hordes teutonnes au-delà du Rhin !

Ah ! dormez, dormez, soldats de 1914 et de 1915, dormez à l'ombre des petites croix improvisées, vous qu'un feu meurtrier a pour toujours couchés sur le champ de bataille ! que votre dépouille immolée à la Patrie repose en paix ! Sur elle, la phalange des Saints Protecteurs de la France est venue se pencher ; les anges ont recueilli dans des coupes invisibles le sang que vous avez si généreusement versé. Ils l'offrent à Dieu pour les péchés de la Patrie et, tandis que vos âmes montent, là-haut, dans la lumière heureuse du Paradis, Dieu, qui a béni votre sacrifice, prépare de nouvelles gloires à votre France immortelle !

III

La Guerre est une Croix
qui nous rachète du Péché de la Volonté.

28 Mars 1915

Mes Frères,

La guerre est une maîtresse terrible et il faudrait pouvoir se passer toujours de ses rudes leçons ! Car, même quand elle les termine par un bon point de victoire, comme elle fera pour nous, Français, il est impossible d'oublier que, sous sa férule, on a perdu beaucoup de sang et que ce n'est pas fini de pleurer... Pour n'avoir plus affaire avec une maîtresse aussi barbare, profitons des dures vérités qu'elle enseigne. Il en est d'ordre matériel que notre Pays a comprises et qu'il n'oubliera plus ! Mais, à côté de celles-là, il y a des leçons morales que nous ne saurions négliger. Nous avons vu comment la guerre nous corrige du péché de l'esprit que nous commettions en essayant de nous passer de Dieu. Nous avons vu aussi comment elle nous sauve du péché des sens. Jésus-Christ qui ne saurait aimer la guerre, Lui, « le Prince de la Paix », l'oblige ainsi, toute méchante et perverse qu'elle soit, à nous faire du bien quand elle nous a frappés. Et il efface à mesure du front de notre Patrie, le péché de l'esprit et le péché des sens. Mais est-ce tout et le Christ n'a-t-il plus rien à pardonner à la France?...

Hélas ! il lui reste à la juger sur le péché de la volonté, plus grave que les autres ! Le péché de l'esprit pouvait s'expliquer par une ivresse de l'intelligence grisée de ses succès ; celui des sens, par la faiblesse d'une chair trop flattée ; mais comment s'excusera le péché de la volonté qui comporte le refus et la haine du devoir?...

C'est le péché de Pilate jugeant le Christ, le trouvant irréprochable, lui posant la question : « Qu'est-ce que la vérité? » puis s'en allant essayer d'un accommodement avec les Juifs sans même attendre la réponse. C'est le péché de Félix qui, remué par la prédication de l'Apôtre sur la justice, la chasteté et les jugements de Dieu, coupe court à l'émoi de sa conscience en s'écriant : « Va-t'en ! nous parlerons de cela une autre fois ! »

Que dis-je? le péché de la volonté, mais c'est celui des Scribes et des Pharisiens qui crucifièrent Jésus avec une haine féroce et persécutèrent ensuite ses disciples pour étouffer l'Eglise en son berceau ! Et devant ces souvenirs, ô ma France aimée, je tremble pour toi! Orgueilleuse, le Christ te pardonne ! Mais haineuse et persécutrice, toi que le Christ aima d'un amour de préférence ! Comment donc pourra-t-il te pardonner encore?...

Je trouve la réponse dans les Saints Livres : il y avait un forcené, originaire de Tarse, qui avait la haine la plus décidée contre les chrétiens et ne respirait à leur égard que « menaces et carnage ». Un jour qu'il allait les persécuter à Damas, le Christ le renversa sur la route, lui parla, l'éprouva par la souffrance, lui pardonna et fit de lui le grand Apôtre saint Paul. Et devant ce trait divin, ô ma France aimée, je n'ai plus peur pour toi ! Tu viens de tomber sur le chemin de Damas ; le Christ te parle, il t'éprouve dans la douleur, il te pardonne et demain tu seras encore son Apôtre au milieu des nations.

Voyons comment la France a commis le péché de la volonté.

La Fille aînée de l'Eglise n'a pu arriver d'un coup à cet excès de persécuter sa Mère, mais elle y est descendue par degrés et fatalement, du moment qu'elle glissait sur la pente de l'indifférence religieuse. Notre religion n'est pas une collection de formules ou de rites desséchés ; c'est un organisme, une vie, la vie surnaturelle des âmes. Elle obéit donc aux lois de la vie et, dans chaque âme, elle naît, s'entretient, se développe, s'anémie ou se fortifie, dure ou meurt. Si vous étiez indifférents à prendre votre sommeil ou vos repas, si vous n'aviez aucun souci de votre santé, votre vie corporelle serait bientôt compromise. Il faut avoir un soin au moins égal de la vie surnaturelle, car c'est la seule qui puisse nous rester toujours, quand l'autre nous aura été enlevée par la mort. Hélas ! comment ont vécu les chrétiens de nos pays, depuis un demi-siècle?... Quelle indifférence à se nourrir des sacrements ! Le baptême donne naissance à la vie surnaturelle : voyez combien de parents restent des semaines, des mois, des années, sans faire baptiser leurs enfants nouveau-nés ! Et ils croient les aimer?... Mais quel est donc cet amour qui s'arrête au corps et ne va pas jusqu'à l'âme intelligente et immortelle?... Et quand l'enfant a cinq ou six ans, voyez comme on se préoccupe de le faire lire, écrire, compter : se soucie-t-on de même de lui enseigner les éléments indispensables de la doctrine chrétienne?... Hélas ! combien de pauvres petits grandissent sans qu'on leur parle du Bon Dieu, sans qu'on leur apprenne à le prier et à l'aimer !... Autrefois, les parents pouvaient se décharger de ce devoir sur l'école, dans une certaine mesure au moins, parce qu'on enseignait le catéchisme à l'école. Il n'en est plus ainsi et il a été triste de voir avec quelle facilité les familles se sont consolées de ce changement pourtant si contraire à leurs intérêts. Et maintenant le clergé des paroisses a beau se donner toutes les peines du monde ; il y a toujours de pauvres enfants qui échappent à son apostolat et deviennent des hommes sans avoir fait la première communion et sans savoir, de la religion qui doit les sauver et les conduire au ciel, autre chose que les blasphèmes de la rue !

Je n'oublie pas que je m'adresse à un auditoire qui compte un grand nombre de mères de famille très soucieuses de leur devoir. Et je les félicite d'autant plus volontiers qu'à l'ombre de mon compliment, je dois cependant leur présenter, à elles aussi, une observation très importante. Voilà longtemps que l'Eglise, pour nous faire remonter la pente de l'indifférence, insiste sur la nécessité de la communion fréquente. Elle est allée plus avant, il y a quelques années, et a donné l'ordre, —c'est en effet un ordre ! — d'habituer à la sainte communion les enfants même très jeunes. Cette pratique nous a paru nouvelle, mais elle s'accorde parfaitement avec la doctrine de l'Eglise à toutes les époques de l'histoire et surtout avec la ferveur de ses origines. C'est donc nous qui avions perdu le véritable esprit chrétien et il faut le retrouver. Mais à quel arsenal d'objections ne s'est-on pas heurté de la part des familles, et même des mères les plus chrétiennes ! Et pourtant, si les mères savaient combien le Bon Dieu, descendu plus tôt et plus souvent dans le cœur de leurs enfants, leur donnerait à elles-mêmes de consolation et de joie ! Le clergé a beau faire, il ne peut pas réaliser les vœux de l'Eglise, si les mères ne s'y prêtent pas !

C'est vous, les mamans, qui devez catéchiser vos petits bébés dès qu'ils commencent à comprendre et à parler ! Il faut leur montrer Jésus dans l'hostie, à la messe, quand le prêtre l'élève pour la faire adorer, et à la Bénédiction du Saint Sacrement ; il faut leur dire qui Il est, Jésus ; ce qu'il a fait, et comment il languit de venir reposer dans le petit cœur des enfants. Il y a toute une langue enfantine, langue admirable, faite de syllabes répétées et de mots à image, que toutes les mamans savent naturellement parler, dans laquelle elles conversent sans cesse avec leurs bébés, et Dieu veut que le premier catéchisme soit fait dans cette langue, et par conséquent pas encore sur les bancs d'une église ou d'une école, mais sur les genoux des mères !

Dans nos temps d'impiété, l'expérience a prouvé amplement que l'éducation chrétienne donnée par la famille est la seule qui porte toujours ses fruits. L'école libre même ou le pensionnat chrétien ne sauraient y suppléer complètement, si elle a manqué. Voyez combien d'hommes ont trahi les promesses de leur première communion : pourquoi? parce que la rapide préparation faite à l'église par le clergé n'avait atteint chez eux que la surface ! Il n'y a que les mères seules qui puissent pétrir des âmes à jamais chrétiennes !

Quand donc vous, les mamans, vous aurez préparé vos petits anges, en pleine innocence, à partir de deux ans jusqu'à cinq ans ; et quand, ensuite, de cinq ans jusqu'à l'âge le plus avancé possible, vous les aurez fait communier à côté de vous, chaque dimanche, bien pieusement, ne cessant pas d'ailleurs de vous occuper de leurs catéchismes et de surveiller attentivement leur vie morale, alors, certainement, les choses seront bien changées ! On le verra surtout lorsque vos petits garçons, ainsi formés, seront devenus des hommes. Et quelle couronne pour vous, un jour au Ciel !... Ne commettez donc plus, ni sur ce point, ni sur les autres, le péché de la volonté qui recule devant le devoir.

Et maintenant, si l'on examine la conduite des hommes, que voit-on? La France compte des millions et des millions de braves gens qui se déclarent partisans de la religion et révoltés par tout ce qu'on a fait contre elle. Ils vont à la messe, parlent volontiers aux prêtres, n'ont pas peur, en plein café, de se poser comme « cléricaux », ce qui est très bien assurément, mais... ils ne font pas leurs Pâques ! Et, depuis dix, vingt, trente ans, tout en approuvant les prédicateurs qui, chaque année, leur rappellent ce devoir, ils gardent leurs positions sans bouger d'un pas ! Un homme doit avoir plus de décision, et cette attitude du pas marqué sur place, sans jamais avancer, il faut la laisser, Messieurs, aux Allemands qui doivent ainsi prendre Paris !

Ah ! mais quel péché dur à extirper, que ce péché de la volonté qui tourne le dos au devoir au lieu d'aller à lui ! Quand toute espérance est perdue ici-bas, quand l'âge ou la maladie ne laissent plus rien à attendre et que la mort devient imminente, oui, même alors, il est souvent difficile d'approcher d'un agonisant et de faire retentir à son oreille le *sursum* de ses espérances éternelles ! Et non seulement, c'est le moribond qui dit : « Pas encore... je ne suis pas si mal que ça ! » mais c'est l'entourage, parents et amis, qui écarte le prêtre et dit ! « Pas encore,... cela lui ferait trop d'effet ! » de telle façon que, bien des fois, le ministre de Dieu ne trouve plus, quand on lui permet enfin d'entrer, qu'un corps inanimé d'où l'âme est déjà partie, et que ses signes de croix sur ce cadavre, au lieu d'y semer les germes d'une vie éternelle, ne font que préluder à la sinistre pelletée de terre qui le recouvrira bientôt !

Ah ! les défaillances de la volonté ! si l'on savait quelles terribles conséquences elles peuvent avoir dans l'éternité, quand l'heure est passée où l'on pouvait avec une larme, avec un soupir, racheter les fautes de toute une vie !...

Mais les défaillances de la volonté ont de tristes conséquences même ici-bas ! C'est parce qu'on a vu les catholiques de France si tièdes à faire leur devoir, qu'on a pensé pouvoir s'attaquer à leur religion et qu'on a réussi. Lorsque l'an dernier, une voix très éloquente s'éleva pour prêcher la croisade de la « grande pitié des églises de France », vouées à une mort certaine par la séparation de l'Eglise et de l'Etat, on répondit à celui qui avait eu le courage de prendre l'initiative de cette croisade : « Mais, Monsieur Barrès, vous n'y pensez pas ! Les catholiques eux-mêmes abandonnent leurs églises ; voyez donc : on ne va plus à la messe, on ne pratique plus, la religion est finie... » Et, en effet, en beaucoup de pays, l'indifférence était telle qu'on pouvait croire que c'en était fait de la religion.

Si tels sont les méfaits de l'indifférence, que sont ceux de la haine ?...

Une des paraboles de l'Evangile met en scène un riche agriculteur qui, le soir venu, paye ses ouvriers. Il en est parmi eux qu'il n'a engagés qu'à la dernière heure de travail. Mais il songe qu'ils ont femme et enfants à nourrir et il leur paye tout de même la journée entière. Alors, les autres murmurent, et l'agriculteur leur dit : « Parce que je suis bon, faut-il que vous soyez mauvais ?... »

Mot profond que l'Eglise peut adresser à ses persécuteurs !

L'Eglise a été la grande éducatrice du peuple. C'est elle qui a inventé l'école gratuite il y a bien des siècles, et les premiers essais de pédagogie moderne pour réagir contre les vieilles méthodes défectueuses, sont dus à un saint français, Jean-Baptiste de la Salle, fondateur des Frères des Ecoles chrétiennes. Parce que l'Eglise, donc, a été bonne pour les en-

fants du peuple, faut-il que l'on soit mauvais pour elle, maintenant?
Non seulement on lui a retiré peu à peu toutes les écoles officielles, mais
même on a osé proclamer que les vœux de religion sont incompatibles
avec l'enseignement ! Puis on a mis des entraves à la vie religieuse, qu'on
déclarait contraire aux principes de la société moderne ! C'était s'en
prendre à Jésus-Christ lui-même qui a institué, par ses conseils évangé-
liques, l'état religieux ! Mais on a fini par s'apercevoir qu'en faisant la
guerre aux congrégations religieuses et en nuisant à leur développement,
on arrêtait par là même les services immenses qu'elles n'avaient cessé
de rendre partout, principalement en Orient, à l'influence française !

Malheureusement, on a attaqué l'Eglise plus directement encore en
déchirant le pacte signé avec elle, en disposant contre son gré des biens
sacrés qui lui avaient été donnés pour son culte et ses charités, et en ré-
duisant à la misère le plus grand nombre de ses prêtres !

Mais l'Eglise ne garde pas la moindre rancune : elle a continué son mi-
nistère grâce aux aumônes de ses fidèles et, à l'heure du danger, ses religieux exilés ont franchi les mers pour venir défendre la Patrie, et ses
prêtres mobilisés ont donné l'exemple de la discipline dans les casernes
et du courage sous le feu de l'ennemi ! Dans la tranchée sanglante où la
mort passe et repasse, le curé de village a retrouvé ses adversaires d'hier,
l'instituteur anticlérical et le cabaretier franc-maçon. Mais, à présent,
l'on fraternise et l'on prie ensemble : dans la tranchée qui peut à tout
instant devenir une tombe, il n'y a plus que des apôtres et des convertis,
et les libres-penseurs d'autrefois sont émerveillés de voir que la religion
auparavant méprisée par eux, leur donne maintenant tant d'assurance
devant la mort !

Pourquoi donc a-t-on si fort reproché à l'Eglise de s'immiscer dans les
affaires de l'Etat et de vouloir même le dominer?... Ah ! il est certain
que l'Eglise se mêle de beaucoup de choses ! Et comment en serait-il autrement? Elle doit nous conduire au Ciel et pour cela diriger toute notre
vie, intervenir non seulement dans nos actes, mais dans nos pensées
même, par son dogme, sa morale, ses sacrements. C'est tout l'être humain qui lui appartient. Mais l'Etat n'a rien à craindre ! Au contraire,
car il ne peut gouverner sans des principes de justice, d'obéissance et de
concorde que personne ne prêche et n'impose aux consciences aussi bien
que l'Eglise ! L'Eglise sera donc la meilleure amie et la meilleure auxilia-
trice de l'Etat et elle lui rendra, en sécurité morale, tout ce qu'il aura fait
pour elle. C'est une amie qui ne trompe pas.

Voulez-vous voir comment l'Eglise, par exemple, a prévu la guerre
actuelle et s'est efforcée de nous l'éviter, depuis cinquante ans?... Eh
bien, en 1854, l'Eglise a publié un petit recueil de quatre-vingts propo-
sitions qu'elle déclarait immorales, dangereuses et condamnées par elle.
Comme on voulait à tout prix faire la guerre à l'Eglise, on a répété sur
tous les tons que ce recueil, appelé le *Syllabus*, était une menace de l'Eglise
à l'Etat, et un défi à la civilisation moderne. Vous allez juger si c'est vrai.
Je prends précisément, dans le Syllabus, la partie qui regarde la politique
et je lis :

« Proposition 59 : *Le droit consiste dans le fait matériel ; tous les devoirs
des hommes sont un vain nom et tous les faits humains ont force de droit.* »
Si cela est vrai, le fait d'avoir envahi la Belgique constitue un droit pour
l'Allemagne ; le devoir d'en respecter la neutralité qu'elle-même avait

garantie, n'est qu'un vain nom. Etes-vous de cet avis, ou bien l'Eglise avait-elle raison de flétrir cette théorie?... Je lis encore :

« Proposition 61 : *Un fait accompli injustement, mais avec succès, ne porte aucune atteinte à la sainteté du droit.* » Donc, si l'Allemagne réussissait, par ses dirigeables, à massacrer un grand nombre de femmes et d'enfants dans les rues de Paris, ou d'une quelconque de nos villes, le succès serait que le droit serait de son côté?... Est-ce votre avis, ou bien l'Eglise avait-elle raison de condamner cela?... Je lis encore :

« Proposition 62 : *Il faut proclamer et observer le principe de non-intervention.* » En vertu de ce principe, l'Angleterre aurait dû laisser la Belgique et la France se débrouiller seules avec l'Allemagne, et la flotte allemande, alors, serait librement venue bombarder toutes nos côtes, celles de Provence aussi bien que les autres, et débarquer partout des troupes et des canons. Qu'en pensez-vous?...

Il me semble que la guerre actuelle donne au Syllabus un étrange cinquantenaire ! une opportunité terriblement convaincante ! Oui, l'Eglise est une grande Voyante qui prenait des précautions destinées à nous éviter les pires malheurs, et on la traitait en ennemie ! Il a fallu la lueur des bombes allemandes pour reconnaître la sagesse de cette Voyante ! Eh bien, si l'Etat, depuis un demi-siècle, avait employé à soutenir l'Eglise les forces qu'il a dépensées à la combattre, elle eût eu en Europe assez de crédit pour imposer à nos ennemis le respect du droit et de la justice, *et nous n'aurions pas la guerre !*

Et puis, on nous parlera de l'Inquisition, et l'on évoquera le souvenir des bûchers où le pouvoir civil fit jadis brûler des bandits que l'Eglise lui dénonçait comme coupables de doctrines pernicieuses ! Ou bien on criera très fort, d'une tribune, pour opposer une digue à de justes réclamations : « Nous n'irons pas à Canossa ! » Mais, s'il vous plaît, qui est-ce qui allait à Canossa?... C'est l'empereur d'Allemagne qui, en chemise et à genoux, y demandait pardon au Pape Grégoire VII pour ses injustices. Est-ce que vous protesteriez, si le Pape actuel était assez puissant pour obliger Guillaume II à une telle pénitence sous peine de le déposer?...

Je vois que vous ne protesteriez pas. Eh bien, moi, je protesterais, car il me semble que l'impérial bandit ne mérite pas un pardon si facile. Et tandis que les persécuteurs d'aujourd'hui évoquent les souvenirs de l'Inquisition pour éclabousser de sang la robe immaculée de l'Eglise ma Mère, je me prends à regretter le temps où les délits de fausses doctrines étaient passibles du feu, car si ce temps durait encore, la monstrueuse théorie du surhomme et le pangermanisme qui en est sorti, n'auraient allumé que l'incendie de quelques bûchers au lieu d'embraser l'Europe entière, et leur champion Guillaume II, qui fait tuer des femmes et des enfants et bombarder des églises, serait jugé digne d'être déposé, et puis brûlé vif pour être mis hors d'état de nuire !

Et voilà comment l'histoire donne toujours raison à l'Eglise, et comment le péché de la volonté, qui est celui des gouvernements persécuteurs, se retourne tôt ou tard contre eux ! Aujourd'hui, en France, tout le monde regrette la persécution. Il ne faut donc pas qu'elle recommence demain, non, certes !

(Supprimé par la censure).

Comment se fait-il que beau-
coup de braves gens, qui sont pour la tolérance religieuse, la liberté, la
religion, achètent quand même tous les jours certain journal qui, derniè-
rement encore, insultait grossièrement le Pape?... Il y a là une question
extrêmement grave où la conscience est engagée, et dont il faudra répondre devant Dieu, à cause des conséquences qui peuvent en résulter pour
la religion et la société.

La guerre mettra en lumière la nécessité de favoriser l'Eglise au lieu
de la combattre ; la nécessité d'élever l'Eglise au-dessus de toutes les
nations pour être la gardienne du droit international, et pour donner aux
traités une consécration telle qu'ils ne puissent plus être appelés « chif-
fons de papier » par un diplomate malhonnête. Car, vous le voyez, la si-
gnature des puissances ne suffit pas au bas d'un traité et il faut au-dessus
des peuples une autorité morale capable d'engager les consciences de
tout un empire, pour les opposer, s'il le faut, aux caprices sanglants d'un
despote orgueilleux.

Puisqu'il en est ainsi, princes et peuples, dressez donc de nouveau au-
dessus de l'immense mer houleuse où s'agitent sans fin les passions des
hommes, dressez le Phare qui perçant la brume de ses feux, éclairera
la route des nations! Et l'on regardera encore du côté de Rome, pour
savoir où est le droit, où est la justice, où est le devoir, et les peuples seront à l'abri des catastrophes ! Mais, pour cela, qu'on rende à l'Eglise
la confiance qu'elle mérite et que la porte de Bronze du Vatican voie
encore passer devant la double haie des gendarmes pontificaux rendant
les honneurs, la majesté d'un ambassadeur français !

La guerre aura tué la persécution, aussi, parce qu'elle rend aux Français l'amour de leurs églises. Et ici je me rappelle une tragique histoire.
Un prince de Portugal, au xive siècle, avait épousé une dame qu'il ai-
mait passionnément, mais des courtisans jaloux complotèrent contre
elle et elle fut assassinée. Son époux jura de la venger. Quand il fut roi
lui-même, quelques années plus tard, il fit exhumer le cadavre de celle
qu'il avait tant aimée, le fit revêtir de tous les atours royaux, solennellement couronner, et mettre sur un trône, puis il obligea les coupables à
venir baiser, à genoux, la main glacée de cette reine d'outre-tombe et il
leur fit donner à ses pieds le juste châtiment de leur crime.

Entre le peuple français et l'Eglise, il y eut au temps passé un beau et
long mariage d'amour. Durant tout le moyen âge, le peuple français ne
cessa d'accomplir de belles prouesses pour plaire à celle qu'on appelait
« Madame la Sainte Eglise ». Il alla en Orient lui acheter de son sang la
Terre-Sainte et le tombeau du Christ, et l'héroïsme français reste vivant
depuis, aux Echelles du Levant. Les croisades finies, les Missions com-
mencèrent, et le peuple français n'a pas cessé, depuis, d'aller planter la
croix sur toutes les plages de l'univers pour donner à l'Eglise de nouveaux
enfants. Comment donc a-t-on pu croire que le peuple de France n'ai-
mait pas l'Eglise? et s'il a suivi un moment des guides qui l'ont détourné
d'elle, ne sait-on pas que les hommes passent et que la France demeure?...

Mais lorsque l'ennemi est venu porter la guerre en notre pays, il a cru pouvoir impunément anéantir, sous ses boulets incendiaires, les souvenirs et les joyaux d'amour qu'au plus beau temps de leur union, l'Eglise et le peuple français s'étaient donnés. Avec une rage barbare, il a abattu les clochers, réduit en poussière la dentelle des porches monumentaux, crevé les belles verrières aux regards de flamme, écrasé les autels de marbre et les tabernacles d'or sous l'effondrement lamentable des voûtes, ne voulant plus rien laisser subsister de ces trésors d'art religieux qui avaient fait à l'Eglise et à notre pays une parure de noces sans pareille !

Mais devant cet outrage qui frappe les reliques de son histoire, la France a senti se réveiller pour l'Eglise son amour d'autrefois qui n'était qu'endormi, et le désir de la revanche s'en est accru. Il faut qu'un jour prochain, ô Allemands cyniques, la France vous accable devant le seuil profané de ses sanctuaires et tire de votre écrasement de vaincus un hommage sanglant à la dépouille funèbre de ses cathédrales ! Et quand vous aurez assez gémi au pied de ces belles mortes qui furent assassinées par vous, nous leur rendrons, avec un amour rajeuni, la vie et la splendeur d'autrefois ! Car nous aurons éprouvé, dans l'amertume du veuvage, combien l'Eglise nous aura manqué, et plus que jamais il faudra des églises au peuple de France !

Il faudra des églises pour assainir une atmosphère que les fausses doctrines avaient empestée ; il faudra des églises pour grouper autour d'elles les villages ressuscités ; il faudra des églises, hélas ! pour la multitude de ceux que la guerre aura cruellement frappés dans leurs plus chères affections !

Où iraient donc pleurer les mères qui n'auront plus de fils, sinon dans l'ombre consolante des églises? où iraient chercher un peu de courage les veuves au voile noir qui ne verront plus revenir un époux tendrement aimé? elles ne sauront même pas à quel endroit des immenses fronts de bataille la mitraille l'a couché... Ah ! dans cette douloureuse impuissance de rendre au moins à sa dépouille percée de balles l'hommage d'un cœur brisé, où iront-elles pleurer, les veuves au voile noir? où iront-elles évoquer le visage de l'époux adoré? où iront-elles donc parler à son âme, et la sentir encore et toujours vivante, encore et toujours éprise d'elles, sinon au pied des tabernacles où veille le Dieu seul capable de mettre un terme à de si déchirantes séparations?

Il faudra des églises à la foule des petits enfants qui n'auront plus de père ici-bas... Persécuteurs d'hier, nous défendrez-vous encore d'apprendre à ces orphelins qu'il y a un Ciel où leur père, tué par les obus, sera vivant et retrouvé?... Il nous faudra des églises pour former ces jeunes âmes au culte du souvenir et à la religion des morts tombés pour la Patrie : des églises que consolidera la ferveur nouvelle des prières, des églises où le peuple entier viendra se nourrir de la force divine des sacrements ; des églises qu'on ne désertera plus jamais, et dont les clochers rajeunis chanteront, sous les nuées d'orage comme dans l'allégresse du soleil, le renouveau de la France chrétienne !

IV

La Prière et l'Alleluia de la France.

Jour de Pâques 1915

Mes Frères,

Nous voyons dans l'Evangile que Notre-Seigneur avait prédit à ses Apôtres les horreurs de sa Passion et de sa mort et la nécessité où Il était, conformément à la volonté de son Père, d'être humilié profondément et comme anéanti, avant de monter vers la gloire. Mais voilà précisément ce que les Apôtres ne voulaient point comprendre ! imbus encore des préjugés de leur pays, ils n'entrevoyaient le règne futur du Messie que dans un décor de splendeurs terrestres ; ils n'imaginaient pas que leur Maître qui avait miraculeusement commandé à la douleur et à la mort, pût consentir à succomber Lui-même dans le plus honteux des supplices ! A plus forte raison ne pouvaient-ils prévoir que la Croix serait la conquête du monde, qu'ils en seraient eux-mêmes les prédicateurs et que les âmes subjuguées par elle, voudraient se crucifier avec le Christ pour régner avec Lui !

Aujourd'hui encore, une foule d'âmes se montrent réfractaires à cette idée chrétienne de la souffrance et beaucoup d'esprits ne conçoivent pas que la Providence puisse, à dessein, nous ménager des occasions de gémir et pleurer !

Rappelez-vous dans quelles circonstances éclata la guerre en août dernier : au lendemain même de ce 25ᵉ Congrès eucharistique qui avait été à Lourdes, pour la divine Eucharistie, un triomphe sans précédent. Tout l'univers y était représenté et, comme les premiers bruits d'orage grondaient à l'horizon, on avait prié, supplié, conjuré Notre-Seigneur de pacifier l'Europe frémissante ! Et voilà qu'Il n'avait pas jugé à propos de le faire... Ah ! s'il consentait à voir se déchirer mutuellement les peuples qui, d'un seul cœur et d'une seule voix, l'avaient acclamé, n'était-ce pas qu'Il se réservait de tirer le bien du mal, comme Il sait si bien faire, et d'utiliser l'aigre ferment des luttes fratricides pour faire lever une pâte nouvelle?... Telle était la pensée des catholiques de France. Mais il s'y joignait une cruelle appréhension : celle de voir la guerre devenir un instrument de justice pour châtier tout un pays, car les fautes de la France étaient réelles et son athéisme officiel appelait peut-être une sanction terrible... Ah ! sous l'empire de cette crainte, comme les catholiques de France sentaient le besoin d'implorer la miséricorde divine !

Mais c'était là un sentiment qui ne pouvait encore s'exprimer tout haut, car les esprits irréligieux s'en montraient vivement surexcités : ils appelaient barbare et arriérée cette conception d'un Dieu châtiant paternellement ses enfants, et, ne voulant d'aucune façon admettre une culpabilité de la France, ils profitaient de ce que la Belgique, officiellement catholique, était éprouvée avec nous, pour blasphémer Dieu et nier sa Providence !

Mais à l'encontre de cet athéisme aux abois, quel changement soudain dans tout le pays ! Quelle « trêve magnifique » des partis ! quel réveil de foi religieuse ! Partout on se remettait à prier et les plus notoires indifférents se ressouvenaient des oraisons de leur enfance. Les églises auparavant désertées s'emplissaient de nouveau, on revenait aux sacrements et pas un homme ne voulait partir pour le front sans se confesser ! A mesure aussi que se réveillait la foi, on voyait croître une force de résistance telle qu'on ne savait comment l'expliquer humainement. C'était Dieu qui commençait à donner des gages de faveur à la France ! Nos revers se réparaient d'une façon tout imprévue des Barbares, et Paris, menacé par eux, n'avait pas plus tôt fait appel à sa Patronne, sainte Geneviève, que l'ennemi commençait ce mouvement de recul, qui, tantôt précipité en déroute, comme devant notre offensive de la Marne, tantôt lent et saccadé, n'a du moins plus cessé. La France entière comprit alors que Dieu n'avait voulu que l'éprouver pour la purifier, mais que sa tendresse divine veillait sur elle et la sauverait au moment voulu ! Cette action de Dieu en faveur de la France devenait même tellement visible qu'un grand journal italien n'hésitait pas à dire qu'elle était la seule explication de l'échec germanique !

Et depuis, on n'a plus peur de parler des fautes passées de la France et du besoin qu'elle a d'être pardonnée par Dieu ! Vous le sentez bien, vous, mes Frères, qui avez été secoués de tant d'émotion religieuse et patriotique en entendant les graves leçons qui se dégageaient pour vous tous du *Confiteor* douloureux de la France !

Mais puisque la guerre nous a ramenés au Calvaire pour y souffrir en union avec Jésus-Christ, dans une expiation nécessaire, nous aurions tort de croire que là se bornera notre ressemblance avec le Divin Sauveur. Il faut au contraire nous pénétrer de la certitude absolue que si nous faisons pénitence avec Jésus-Christ, unis à sa Rédemption par une foi vive et un ardent amour, nous triompherons bientôt avec Lui dans l'allélula des victoires définitives et du renouveau de notre religion.

Il est des esprits chagrins qui disent : « Oui, la France est redevenue chrétienne dans la souffrance, mais ce changement n'est que superficiel et momentané ; le bien-être matériel reviendra et chassera les vertus des heures douloureuses ; la France d'après la guerre sera de nouveau irréligieuse... »

Eh bien, non ! Il ne saurait en être ainsi et voici pourquoi : c'est Dieu lui-même qui a suscité, par sa grâce, le grand réveil religieux auquel nous assistons. Nous sommes sûrs désormais qu'Il nous donnera la victoire sur les Barbares, mais cette victoire même n'est en somme qu'un succès terrestre au-dessus duquel Dieu estime bien davantage la pacification des consciences que la guerre à la religion avait troublées et éloignées de

Lui. Et voilà pourquoi, écrasant d'un côté, quand l'heure de sa Providence sera venue, nos sauvages provocateurs, Dieu anéantira de l'autre les causes d'impiété et d'anticléricalisme qui ont si profondément défiguré, depuis plusieurs années, le visage historique de la France !

Et d'ailleurs, la prière est là ! la prière de tous les cœurs français qui battent aujourd'hui à l'unisson pour demander à Dieu ce double triomphe : celui de nos armes et celui de notre foi séculaire !

Et voici un signe des temps : depuis l'époque de Jeanne d'Arc, on n'avait jamais vu une armée comme la nôtre : une armée qui enrôle sous ses drapeaux des milliers de prêtres et de religieux ; une armée qui prie, se confesse et communie, porte avec elle ses autels pour la messe, partout où elle va, et arbore sur la poitrine de ses soldats l'image de « Jésus et Marie ». Et remarquez la coïncidence : cette armée qui rappelle si bien celle de Jeanne d'Arc, elle s'est trouvée telle à l'heure même où la Libératrice d'Orléans, surgissant des profondeurs de l'histoire avec une extraordinaire survie, venait d'être couronnée de l'auréole des Bienheureuses et à la veille de sa canonisation ! Oui c'est un signe du Ciel !

Et cela nous prouve, Seigneur, que vous exaucerez les prières de la France !

Ecoutez, Seigneur, la prière des pères et mères qui ont envoyé leurs fils au combat : « Seigneur, vous disent-ils, abrégez cette guerre, pour que bientôt nos enfants reviennent au foyer ! Epargnez-nous la terrible douleur de les perdre ; oh ! faites qu'ils soient le bâton de notre vieillesse..., et pourtant, s'il nous faut mourir sans les revoir, faites, Seigneur, que notre sacrifice s'unisse à leur vaillance et sauve la Patrie ! »

Ecoutez, Seigneur, la prière angoissée des épouses ! Chacune d'elles vous crie à travers ses larmes : « Mon Dieu ! conservez-moi mon mari ! Nous auriez-vous unis, vous-même, en un grand jour de bonheur, devant votre autel, pour nous séparer ensuite? Voyez la torture de mon pauvre cœur, à la pensée qu'au moment même où je vous prie une balle peut-être l'étend mort sur le champ de bataille !... Oh ! Seigneur, ne le permettez pas ! Faites qu'il retourne, et je vous jure que nous vous serons si dévoués lui et moi ! si appliqués à vous donner dans nos enfants de belles petites âmes qui vous aimeront bien ! Nous choisirons le plus sage pour vous l'offrir, afin qu'il soit prêtre, puisque votre Eglise manque de prêtres ! O Seigneur, en retour de ce vœu que je vous fais, conservez mon mari ! »

Après la prière des épouses, celle des sœurs et des jeunes frères :

« Seigneur, voyez notre famille dispersée ; nos frères sont dans les tranchées, où la mort guette ses victimes. Reviendront-ils?... Seigneur, ramenez-les, et nous vous promettons qu'ils seront désormais de parfaits chrétiens, n'ayant plus peur de venir avec nous à la messe, de se confesser et de communier avec nous. Seigneur, ramenez nos frères, qui luttent et souffrent ! »

Une autre prière, candide et simple, celle des petits enfants :

« Seigneur, disent-ils, nos papas sont bien loin, là-bas, tout là-bas, dans le sang et la boue, et les Barbares veulent les tuer ! Gardez nos papas, Seigneur, gardez nos papas ! Avant la guerre, ils manquaient bien souvent leur prière et peut-être ont-ils fait beaucoup de péchés que nous ne savons pas... Mais nous vous demandons pardon pour eux, nous qui sommes encore petits et ne savons pas faire les gros péchés ! Seigneur, ramenez nos papas, pour que nos mamans ne pleurent plus et que tout le monde à la maison, vous aime bien ! »

Ecoutez maintenant, Seigneur, la voix qui monte du fond des tranchées :

« Seigneur, disent les soldats, quelle chose horrible que la guerre ! Il faut l'avoir vue pour s'en faire une idée ! Heureusement, vous nous avez soutenus, vous, en nous donnant chaque jour un peu plus de confiance et d'endurance ! Ah ! que nous étions stupides quand nous vivions sans religion, là-bas, dans nos villages ! Mais voyez, Seigneur, nous prions maintenant, et ceux d'entre nous qui n'avaient pas de chapelet ont fait des nœuds à des ficelles pour égrener leurs *Ave Maria*. Nous nous sommes confessés aux prêtres infirmiers et nous voulons être, désormais, de bons chrétiens. Conservez-nous pour retourner au pays et y donner le bon exemple !... Mais pourtant, si vous préférez que notre sang arrose le champ de bataille, alors, Seigneur, préparez-nous un peu de paradis, là-haut, près de vous, donnez beaucoup de grâces de consolation à nos familles, et sauvez la France ! »

Que Dieu entende la prière des pauvres blessés qui gémissent sur des lits d'hôpitaux ; la morsure des plaies cuisantes leur arrache des plaintes, mais ces plaintes ne sont pas des murmures. Au contraire, Seigneur, ils vous offrent leurs douleurs et le sacrifice des membres qu'il faut amputer pour que vous guérissiez, avant tout, les plaies et la mutilation de la France !

Que Dieu entende aussi la prière des pauvres prisonniers qui languissent en Germanie, privés de tout, nourris d'un pain infâme et n'entendant dire que du mal de la France ! Ils ont foi en elle quand même, et vous supplient, Seigneur, de lui donner la victoire !

Entendez, Seigneur, la prière des prêtres qui ont échangé la soutane pour la livrée militaire : « Mon Dieu ! disent-ils, nous aimerions mieux être au labeur pastoral dans nos paroisses, mais cependant c'est vous-même que nous servons encore ici, quand nous portons des blessés sur nos brancards ou que nous ensevelissons les morts. Prenez nos vies, si vous voulez, de préférence à celles de tant d'hommes qui laisseraient une femme et des enfants dans la misère, car nos vies vous appartiennent, Seigneur, depuis notre ordination, et notre sang, peut-être, sera plus utile à la France si nous l'offrons pour obtenir le retour de la religion dans nos pauvres paroisses ! »

Est-ce tout ?... Non, non, car l'atmosphère est embrasée de prières d'un bout à l'autre du pays et les choses inanimées elles-mêmes ont pris une âme et des lèvres pour sentir, gémir et prier ! Et ainsi pleurent et prient les cathédrales et les églises bombardées : « Seigneur, disent-elles, comment montrerons-nous le ciel aux hommes, maintenant que nous n'avons plus de clochers ? Comment serons-nous l'abri des âmes et le dispensaire des sacrements, maintenant que nos voûtes sont effondrées ? Ah ! Seigneur, mettez fin à la guerre ; ordonnez qu'on relève nos ruines et appelez vous-même des foules pour nous remplir ! »

A cette prière des églises de France que le barbare a mutilées, répondent soudain les cloches d'Alsace. Leurs *Angelus* flottent avec plus de douceur dans le vol parfumé des brises, car ils traduisent l'émotion secrète de toute cette terre qui se sent redevenir française. Et bien loin, bien loin, répondent aux cloches d'Alsace les implorations de Lourdes,

qui ne cessent pas devant la grotte bénie, fournaise ardente de cierges :
« Notre-Dame de Lourdes, sauvez la France ! Notre-Dame de Lourdes,
donnez la victoire à la France ! Notre-Dame de Lourdes, faites que toute
la France redevienne chrétienne et sainte ! »

Puis c'est une voix solennelle et grave qui descend des hauteurs domi-
nant la capitale, la voix puissante du bourdon de Montmartre, qui
s'ajoute à ce concert de prières : « O Sacré Cœur de Jésus, dit-elle, regarde
ton temple choisi, la Basilique nationale érigée officiellement après les
malheurs de 70, pour répondre à tes désirs ! L'heure est venue de te la
consacrer en marquant d'huile sainte la pierre énorme de ses piliers. Ne
veux-tu pas que la consécration soit officielle et nationale, comme le fut
l'érection ? Ne veux-tu pas qu'elle ait lieu, bientôt, en présence d'un gouvernement converti à l'évidence et à la nécessité de tes bienfaits, après
les victoires extraordinaires qu'on ne pourra attribuer qu'à toi ! Oh !
c'est téméraire ce que je demande là ; mais, pour ta Basilique où tous
les jours de l'année est solennellement exposée et adorée ton Eucharistie,
que ne feras-tu pas, ô Sacré Cœur de Jésus ! »

Et alors, devant la marée montante des prières qui s'enfle et grossit
jusqu'au ciel, irrésistible et envahissante, le ciel entr'ouvre ses parvis, et
voici ce qu'on aperçoit :

Un triomphe sans analogue ici-bas, le triomphe des martyrs de la
guerre ! Les petits enfants massacrés marchent en tête, tout radieux,
jouant avec des palmes comme jadis les innocentes victimes d'Hérode.
Puis viennent les prêtres fusillés, les femmes assassinées et tous les soldats qui trouvèrent la mort dans l'exercice héroïque de cette forme de
charité qui s'appelle le patriotisme. Ah ! comment pourrait-on les plaindre
encore sur la terre, si l'on savait leur bonheur là-haut ? Écoutez-les chanter :

« Gloire à toi, ô Christ, le premier des souffrants, le premier des tués,
le premier des martyrs ! Gloire à Toi, victime crucifiée pour le salut du
monde ! Gloire à toi, parce que tu nous a associés à ton sacrifice et que,
sans cela, nous n'aurions peut-être pas été sauvés ! Beaucoup d'entre
nous t'avaient oublié et offensé, quand tu nous a appelés à venir vers toi
à travers la fournaise des combats ! Gloire à toi qui nous as fait trouver
dans le sacrifice passager de nos corps le salut éternel de nos âmes ! O
Christ ! nous te supplions de rendre notre Patrie victorieuse et de régner
ensuite à jamais sur elle ! »

Ainsi chantent ces triomphateurs, et leur nombre est si grand, leur
cortège est si beau que le ciel entier en tressaille d'un joyeux émoi. Il semble que les saints soient étonnés : « Eh quoi ! s'écrient-ils, ne disait-on
pas que la France avait apostasié, qu'elle n'avait plus de religion ? » —
« La France, leur répond une voix, fut baptisée par moi au baptistère
de Reims, quand je versai l'eau sainte sur le front de Clovis, et Dieu la
baptise de nouveau aujourd'hui dans le sang, car la France doit redevenir
chrétienne ! » A peine saint Rémy a-t-il ainsi parlé, qu'avec lui tous les
saints de nos fastes d'histoire s'avancent au devant des heureux martyrs
de la guerre, comme pour leur souhaiter la bienvenue. Mais, plus rapide
qu'eux tous, dans une éblouissante clarté, voici qu'une guerrière céleste,
brandissant une oriflamme accourt se mettre à la tête des nouveaux
élus : « Vive la Bienheureuse Jeanne d'Arc ! », s'écrient ceux-ci, qui la re-
connaissent. Et Jeanne adresse alors à Dieu une grande prière pour sa

chère France, afin de lui obtenir une prompte victoire et une prière aussi pour les Anglais, qui sont maintenant ses amis, afin que Dieu leur donne, avec le succès, la grâce du retour à la foi de Rome. C'est ensuite le « Prince des milices célestes », Ange Gardien de la France, Saint Michel, qui vient appuyer la requête de Jeanne d'Arc. Entendez-le dire à Notre-Seigneur que, pour ruiner l'empire du démon qui sévit encore sur tant de peuplades païennes, il faut la France, qui fournit plus de missionnaires que tout autre pays ! Ecoutez maintenant les saints Papes qui gouvernèrent l'Eglise de Dieu : d'une commune voix, ils s'écrient que, pour la civilisation chrétienne, l'Eglise ne peut compter sur aucune nation comme sur la France ! Et, dans ce concert unanime, il est facile de distinguer l'accent ému des deux derniers papes montés au ciel : l'illustre Léon XIII, grand pape et grand poète, qui chanta la France en de beaux vers :

> « *Roma ter felix, caput o renatæ*
> *Stirpis humanæ, tua pande regna,*
> *Namque victrices tibi sponte lauros*
> *Francia deferi !* »

« O Eglise de Rome, trois fois heureuse, tige d'une humanité renouvelée, étends ton surnaturel empire, car la France vient t'offrir de nouveaux lauriers de victoire ! » Et à Léon XIII s'unit son successeur Pie X, qui refusa de bénir les armées de l'Autriche et prédit, avant de mourir, le relèvement de la France.

Ecoutez enfin une prière plus auguste que toutes les autres ensemble, celle de la Sainte Vierge elle-même, qui s'adresse à son Jésus : « Mon Fils, lui dit-elle, vous savez que les peuples de la terre m'ont décerné mille et mille couronnes. Souvenez-vous qu'il en est une à laquelle je ne pourrai jamais renoncer : c'est celle que je porte comme Reine de France ! *Regnum Galliæ, regnum Mariæ !* » Et ce vœu de la Sainte Vierge est immédiatement exaucé, car un grand silence se fait et à peine entend-on encore dans les hauteurs lumineuses du ciel le frémissement lointain des harpes angéliques : le Sacré Cœur va parler ! Ecoutez ! Il a toujours aimé la France, dit-il. Ce n'est qu'à elle qu'il a demandé de mettre l'image de son cœur sur le drapeau national, et, si la France prie encore, si la France persévère dans la prière, dans le recours à la confession et à la communion, bientôt il lui donnera une victoire définitive et un magnifique renouveau de vie chrétienne !

Et ainsi s'affirme le succès de la prière et la régularité de cette succession divine qui appelle le jour de Pâques après le Vendredi-Saint, la résurrection après la Croix, la gloire après la souffrance et le salut après la pénitence !

Mais alors, impatientes de sonner l'*Alleluia* du triomphe et de chanter les miséricordes du Sacré Cœur, toutes les cloches de France s'ébranlent en une folle joie :

Alleluia ! Alleluia ! disent-elles, le Christ aime la France, le Christ pardonne à la France, le Christ sauve la France ! *Alleluia* sur les tranchées sanglantes, où l'on a prié comme dans des églises ; l'heure est venue d'en sortir pour la victoire ! *Alleluia* sur les provinces envahies, où passe un souffle de liberté, précurseur de nouveaux printemps ! *Alleluia*, clochers d'Alsace, vous redevenez français ! *Alleluia*, de la Moselle au Rhin, car toute cette terre fut française et doit l'être encore ! *Alleluia*, Belgique admirable, petite sœur héroïque, de nouveau indépendante et grandie ! *Alleluia*, Angleterre puissante, dont les églises séparées, en quête du passé chrétien authentique, rejoindront bientôt la foi romaine ! *Alleluia*, Pologne catholique, lève-toi du tombeau où l'injustice de trois partages semblait t'avoir pour toujours couchée ! *Alleluia*, vénérable Sainte-Sophie de Constantinople ; dépouillez la parure islamique qui masque vos splendides mosaïques chrétiennes, car la France touche de nouveau aux rives enchantées du Bosphore, pour libérer, comme au temps des Croisades, les peuples asservis ! *Alleluia*, Terre-Sainte, pays du Christ ; les vaisseaux français frappent aux portes de Jaffa, et bientôt le Saint-Sépulcre n'aura plus la honte d'être gardé par des infidèles ! *Alleluia*, de l'Afrique au Siam, du Siam à l'Océanie, de l'Océanie à l'Alaska, *Alleluia*, car la guerre européenne s'achève dans l'apothéose d'une France plus forte, dont les missionnaires viendront plus nombreux évangéliser vos tribus ! *Alleluia*, ô Saint-Pierre du Vatican, *Alleluia*, dans la splendeur unique au monde de ton dôme prodigieux, car Dieu va consommer la ruine du luthéranisme et avancer l'heure historique où doit s'opérer la fusion de toutes les Églises sous la houlette du Pasteur romain !

Alleluia, alleluia sur les tombes des soldats morts pour la Patrie, car, dans l'immortalité du Ciel, ils ne regrettent pas la vie précaire d'ici-bas et leur sacrifice régénère la France ! *Alleluia* sur les lits de souffrance où languissent les pauvres blessés, car la nouvelle de nos victoires agit comme un baume sur leurs plaies ! *Alleluia* sur les familles en deuil, car leurs épreuves ont fondé un patrimoine d'honneur à jamais précieux et donné au foyer des survivants une cohésion que la grâce divine rendra féconde ! *Alleluia*, ô mères dont les fils partis à la guerre, ne reviendront pas ! Votre désolation vous unit à la Vierge des douleurs, et comme Elle, au pied de la Croix, vous devenez, en un certain sens, les co-rédemptrices de la France ! *Alleluia*, veuves inconsolables qui sanglotez sous vos voiles noirs ; soyez fières d'avoir eu pour maris des héros qui vous chérissent au Ciel, comme ils vous chérissaient sur terre ; vous n'auriez pas le courage de les pleurer si vous saviez comme ils sont heureux, comme ils vont vous aider de leur prière et quelle belle place ils vous obtiendront auprès d'eux ! *Alleluia*, petits orphelins que la bataille a privés de leurs pères : à l'école de la douleur dès votre enfance, vous saurez les mâles vertus et les grands devoirs, et la Providence, attentive à remplacer ceux qui vous manquent, veillera sur vous avec plus de tendresse !

Alleluia, alleluia, églises incendiées et bombardées ! *Alleluia*, ô Notre-Dame de Reims, vous n'avez plus de cloches pour sonner nos *Te Deum* de victoire, mais nous fleurirons de drapeaux la tragique beauté de vos ruines, et, en attendant la résurrection qui viendra pour elles aussi, nous apprendrons de vos murs noircis et de votre statuaire mutilée que le Catholicisme est inséparable des grandeurs de la France !

Alleluia, alleluia, églises de France, qui que vous soyez, pauvres blessées que le barbare a cruellement frappées ou temples éloignés des lieux de combat, qui n'avez point entendu le fracas des canons ! *Alleluia, alleluia*, puisqu'on va vous aimer plus que jamais, églises de France, sources d'idéal et de vie morale, qu'on ne désertera plus, mais à l'ombre desquelles on se pressera au contraire, pour s'abreuver à la vie puissante des sacrements !

Alleluia, ô Lourdes, sur les lacets de ton esplanade en fleurs, sur ton clocher qui chante l'*Ave Maria*, sur la grotte qui s'embrase au feu de mille cierges !

Alleluia, ô Montmartre, Basilique nationale du Sacré-Cœur, *Alleluia*, car ta consécration prochaine marquera le retour de la Fille aînée de l'Eglise à sa sublime vocation !

Alleluia ! Vive le Christ qui aime les Francs !

Alleluia ! Vive la France !

LYON. — IMP. EMMANUEL VITTE, RUE DE LA QUARANTAINE, 18.

Imprimerie E. VITTE
LYON-PARIS

A
B